KB076815

애프터 팬데믹

포스트 코로나 시대를 전망하다

●

로런스 크노르 외 24명 지음

박지웅 옮김

참돌

애프터 팬데믹
포스트 코로나 시대를 전망하다

1판 1쇄 펴냄 2020년 9월 18일

지은이 로런스 크노르 외 24명
옮긴이 박지웅
펴낸이 하진석
펴낸곳 코너스톤
주 소 서울시 마포구 독막로3길 51
전 화 02-518-3919
ISBN 979-11-88601-44-8 03330

· 이 책 내용의 전부나 일부를 이용하려면 반드시 저작권자와 코너스톤의 서면 동의를 받아야 합니다.
· 책값은 뒤표지에 있습니다.
· 잘못된 책은 구입하신 곳에서 바꾸어 드립니다.

애프터 팬데믹

포스트 코로나 시대를 전망하다

●

로런스 크노르

토리 게이츠

마크 칼슨

와일리 맥라렌

토마스 마라파리나

바바라 매슈스

브리지트 스미스

아이리스 도비안

H. A. 칼럼

캐서린 조던

조지프 메이저락

스콧 주커먼

윌 델러밴

팻 라마체

버지니아 브래킷

셰릴 우드러프 브룩스

윈 킨더

매리앤 비켓

메릴 쉐퍼

마이아 윌리엄슨

잭 아들러

브룩 렌커

사이먼 랑드리

페니 플레처

크리스 펜윅

 목차

들어가는 말

나는 선버리 출판사의 대표로서, 얼마 전 수백 명의 작가에게 우리가 최고의 출발을 앞두고 있다고 말했다. 하지만 앞으로 다가올 시대를 생각하면 이 모든 것이 의미 없는 것처럼 보이기도 한다. 앞으로의 매출을 기대하며 파티를 열 때는 아니지만, 그렇다고 일부러 공포감을 조성해서도 안 된다. 보다 이성적인 생각이 필요하다. 선버리 출판사의 슬로건의 전제 '끊임없이 계몽하라'라는 말과도 관련이 있는 부분이다.

계몽주의는 서양 사회가 종교 밖에서 답을 찾기 시작한 시기에 도래했다. 상황은 21세기에도 크게 바뀌지 않았다. 인간은 여전히 자신이 세운 세상을 거의 통제하지 못했고 우리가 안고 있는 심각한 문제 대부분에 대한 해결책도 없었다. 21세기의 계몽주의는 과학과 종교 그리고 철학처럼 진리를 추구하는 여러 학문이 융합한 형태로 볼 수 있다.

분명히 말하지만, 기술만 두고 이야기하는 것이 아니다. 니콜라 테슬라는 이렇게 말했다.

"진보와 기술은 다른 개념이다. 진보는 인류를 이롭게 하지만,

기술은 꼭 그렇지만은 않기 때문이다."

지난 몇 세기 동안 우리는 진보했고 기술을 개발했다. 하지만 여전히 아주 작은 미생물인 바이러스에도 쩔쩔맨다. 사실은 기술 때문에 더 취약할 수도 있다. 지금부터 이유를 설명하겠다.

나를 아는 사람이라면 내가 정보 기술 분야에서 오랜 시간 일했으며, 프로그래머에서 최고정보관리책임자 자리까지 올라갔다는 사실을 알고 있을 것이다. 나는 가치로 환산하면 수조 원이 넘는 정보 기술의 책임자였다. 자랑하려는 말이 아니다. 오히려 고해성사에 가깝다. 이런 나조차도 세계가 닥친 문제에 어떠한 답도 제시할 수 없다고 이야기하고 싶었다.

나는 인류를 한계로 내모는 데 일조한 사람이다. 최근 식료품 가게에 간 적이 있다면 내가 무슨 이야기를 하고 있는지 정확히 이해할 것이다. 기술은 상품 유통 과정의 효율성을 높였다. 주문과 동시에 상품을 생산해 판매하고 시스템에서 알려줄 때만 재고를 비축했다. 수십 년 동안 공급 체계의 생산성을 끌어올리고 세계를 효율 높은 무역망으로 연결하려 애썼다.

그러나 어느 때보다 상품이 간절히 필요한 지금 상황은 어떠한가. 우리 눈에 보이는 것이라고는 빈 선반뿐이며 생산 공장 대부분은 바다 건너에 있다. 기술은 있지만, 진보는 없다!

며칠 전에는 내가 한 짓도 반성할 겸 도서관으로 향했는데, 한동안 잊고 살던 책을 찾느라 시간을 많이 썼다. 1980년대에 조지프 테인터가 쓴 《문명의 붕괴》를 읽고 싶었기 때문이다. 테인터 박사는 지금은 흔적만 남은 과거의 위대한 문명을 연구했다. 한때 찬란했던 사회가 갑자기 붕괴한 이유를 추측하는 다큐멘터리와 프로그램은 숱하게 많다. 테인터의 주장에는 사회는 감당할 수 있는 선을 넘어도 계속 발전한다는 전제가 깔려 있다. 쉽게 말해 발전 과정에서 부지불식간에 지속 가능한 수준을 넘으면 취약해지다가 붕괴한다는 뜻이다. 출판 당시에는 고고학 분야에서 큰 반향을 일으킨 책이었다. 그러나 시간이 지나면서 테인터의 책이 과거가 아닌 미래의 청사진으로 재평가하는 사람이 많아졌다.

그의 책을 요약하면, 피라미드는 단순한 세계 7대 불가사의가 아니라는 이야기다. 사회의 흥망성쇠를 나타내는 냉혹한 상징이다. 지식이란 쌓아 올리기도 하고 잊히기도 한다. 많은 부분에서 기술의 진보를 이루었지만, 수천 년 전에 건설한 경이로운 피라미드의 건설 방식을 설명할 수 없다.

계몽주의 이야기로 돌아가자. 이번 팬데믹 사태로 인해 우리는 대자연을 통제할 수 없다는 사실을 다시 한번 깨닫고 있다. 종교 신자라면, 신이 인간에게 겸손이라는 교훈을 내리는 중이라고 생각할 것이다. 과학에 관심이 많은 사람이라면, 우리가 아는 세상은 아직 밝히지 못한 부분에 비하면 빙산의 일각에 불과하다는 사실을 떠올릴 것이다. 또 철학을 좋아하는 독자라면, 현재의 삶을 어떻게 타개해야 하는지 이성적으로 설명하려 들 것이다. 어떤 식으로 생각하든 나름대로 괜찮다는 사실만 알아두자. 모두 이 토론에서 도움이 되는 입장이다.

지금은 서로 돌보고 힘을 합쳐야 할 때다. 차이는 제쳐두고 진정한 진보를 위해 협력해야 한다. 우리 사회의 존속이 달린 문제이기 때문이다.

이 책은 25명의 작가가 쓴 27개의 장으로 이루어졌다. 주제는 각자의 시선으로 바라본 포스트 코로나 시대다. 의학, 경제학, 철학, 예체능을 비롯한 여러 분야 전문가의 솔직한 생각을 가감 없이 담았다. 대부분 글은 희망과 낙관으로 가득하지만, 단 한 가지만큼은 이견이 없다. 바로 세상이 팬데믹의 영향으로 변하고 있다는 사실이다.

이 책을 선택해주어서 고맙다. 앞으로 펼쳐질 이야기를 재미있게 즐겼으면 좋겠다. 건강 조심하고 우리 회사의 슬로건을 기억해주기를 바란다.

"끊임없이 계몽하라."

로런스 크노르

2020년 4월 27일

변화하고 포용하라

○ 토리 게이츠

나는 코로나바이러스 팬데믹을 독특한 시선으로 주시했다. 주변 세상이 끊임없이 변하는 모습을 관찰하면서 계속 같은 질문을 곱씹었다.

"마침내 우리가 변화하는 날이 온 것일까?"

무엇인가는 변해야 한다. 그리고 나는 오래전부터 그 대상이 우리가 되어야 한다고 생각했다.

우리는 선진국 국민으로서(이 단어에 어떤 무게가 있는 것처럼), 우리가 알고 살아온 삶과 이전 세대의 삶이 변화할 것이라는 사실을 이제 받아들여야 한다. 그렇다고 종말이 왔다는 말은 아니다. 변화의 때가 왔다는 이야기다.

인류는 주로 바닷가에 작은 왕국을 건설했다. 분명 존재하지만, 보고 잊어버리는 작은 나라가 세상에는 많다. 우리는 자주 무시한다. 전쟁이 멈추지 않는 이유도 여기에 있다. 미국이 일으켰거나 개입한 전쟁도 많으며 마찬가지로 고통과 학살을 불러왔다. 환경은 천천히 망가지고 있으나, 귀를 막고 눈을 가린다. 환경오염은 허구라고 주장하는 사람이 너무 많다. 내가 제작한 토크쇼에 출연한 한 사람은, "문제가 발생할 때가 되면 나는 죽고 없을 텐데 무슨 상관이야?"라고 말했다.

바로 그것이 문제다. 오만, 이기, 특권 의식, 자신과 다른 목소리를 내는 사람을 물어뜯는 태도 말이다. 이 모두는 단 하나의 감정에 뿌리를 두고 있다.

두려움

우리는 이해할 수 없거나 이해하고 싶지 않은 모든 것을 두려워한다. 물론 예외인 사람도 있다. 지금 직면한 문제는 꽤 심각하다. 빨리 대처할수록 결과는 좋아진다. 신세대를 포함한 여러 사람이 이에 관한 이야기를 하고 있지만, 귀담아듣는 이는 많지 않다.

팬데믹은 이제 시작이다. 나는 상황이 여기서 더 나빠질까 두렵다. 이탈리아에 사는 한 친구는 내게 봉쇄된 국가 속에서 사는 하루하루가 무섭다고 털어놓았다. 친구는 아파트 밖으로 절대 나가지 않으며, 친구 어머니만 가끔 외출한다. 한때 시끌벅적하던 나라에 적막만이 흐른다.

다른 나라라고 사정이 다르지 않다. 격리 명령을 내리고, 공공장소를 폐쇄하며, 꼭 필요한 서비스만 제공한다. 이 모든 일이 전국 단위로 일어난다. 여러분이 있는 곳은 어떠한가.

나도 현 상황에서 필수 인력 취급을 받는 방송업계에서 일한다. 맞다. 내 직업은 여러분이 만악의 근원으로 여기는 언론인이다. 사람들은 키보드 앞에 앉아서 언론이 이 모든 사태의 원인이며 대중에게 거짓말을 일삼고 대통령을 음해하고 있다는 이야기를 지겨울 정도로 퍼드리고 또 퍼드린다.

이 글을 쓰는 이유는, 내가 목에 힘을 잔뜩 주고 다니면서 시키는 말만 앵무새처럼 반복하는 돈 잘 벌고 유명한 언론인이 아니기 때문이다. 언론계에서 35년을 넘게 일하면서 라디오 디제이, 프로듀서, 기자, 교통 방송 리포터, 토크쇼 진행자, 방송국 관리자 등 웬만한 직업을 두루 경험했다.

나는 특정 주에 뉴스를 보도하는 한 방송국에서 일한다. 레바논 벨리의 라디오 방송국과 다른 대기업 방송국에서도 직책을 맡고 있다. 프리랜서지만, 그래도 언론인이다. 지금까지 어떤 이야기가 거짓인 줄 알면서 사실처럼 전한 적이 단 한 번도 없다. 나와 내 주변 사람들은 이러한 일이 일어나지 않도록 최선을 다한다. 우리는 거짓을 말하지 않는다. 대면한 현실이 좋든 싫든, 정확한 사실을 전달하려고 안간힘을 쓴다는 말이다. 대중이 보도 내용을 좋아하고 말고는 중요하지 않다.

여러분과 내가 책으로 만난 이유도 여기에 있다. 아마 내가 꽤 외향적인 사람이라고 생각할 것이다. 마이크 앞에서는 외향적인 사람이 될 수 있다. 아니 그래야만 한다. 그렇지 않으면 이야기를 전달할 수 없기 때문이다. 평소에는 내향적인 편이다. 혼자 있기를 좋아하고 입버릇처럼 사람보다 고양이가 더 편하다고 말한다.

이번 주말에는 3일 내내 집에 있을 예정이다. 이런 일정은 이번이 두 번째다. 어디가 아파서가 아니라, 갈 곳이 없기 때문이다. 재미있지 않은가? 우리는 집을 짓거나 다른 사람이 지은 집에 거주한다는 사실에 자부심을 느끼지만, 기회만 있으면 어디론가 나간다.

그렇다면 어디로 가느냐? 여러분에게 추천을 받고 싶지만 지금 문을 연 곳이 그렇게 많지가 않다. 야구장, 축구장, 콘서트장, 식당, 카페(내가 가장 좋아하는 장소다), 심지어 일부 공원도 폐쇄된 상태다. 우리를 정의하는 것은 행동이다. 우리는 행동의 제약을 받으면서 정체성이 변해버렸다.

나는 손 씻는 법을 다시 배워야 하는 상황이 닥치지 않기를 바랐다. 세균에 대한 지식과 세균을 제거하는 방법을 익히면서 상황이 다소 나아진 것 같다고는 생각한다.

중국은 세상에 한 가지 교훈을 전파한 셈이다. 기본을 지켜라. 손을 씻어라. 몸을 청결하게 하고 주변을 청소하라. 확실히 무엇보다도 우리를 바꿀 가능성이 높은 행동이다.

과학자들이 백신과 치료제를 찾기 위해 고군분투하는 동안 우리도 우리가 할 일을 해야 한다. 여기에는 넓은 시각으로 봤을 때, 이전의 삶에서부터 변화하고 앞으로 무엇을 해야 할지 다시 생각한다는 의미가 있다.

공포는 생생한 감정이다. 모든 생명체는 공포를 느낀다. 인정하기 싫을지 몰라도, 공포의 대상은 실재한다. 핵전쟁이나 디스토피아가 다가오는 양 두려움에 질려서는 가게의 물건을 닥치는 대로 쓸어간 사람들이 남긴 텅 빈 진열장이 그 증거다. 책이나 텔레비전으로 볼 때는 재미있었지만 현실로 다가오는 것은 원하지 않는다. 안 그런가?

많이 변할 필요는 없다. 내가 모범적으로 살고 있다는 사실을 자랑하려는 것이 아니다. 하지만 나는 혼자 있으려고 노력하며 두려움에 미쳐서 가게로 달려가는 대신 필요할 때 물건을 산다. 내 이웃은 서로를 보살핀다. 우리가 더 안 좋은 상황을 이겨냈을 때처럼 이번 사태도 버텨낼 것이라고 굳게 믿는다.

이를 위해 변화를 포용해야만 한다. 이런 의미에서 현대 과학 기술은 어느 정도 성공했다. 더 빠르고 효율적으로 의사소통할 수 있다. 그래도 많은 사람에게 재택근무는 꿈같은 소리다. 여러분도 사람의 도움이 필요하다. 자원으로서의 사람은 절대 사라지지 않을 것이다.

변화의 장점이 점점 피부로 느껴지는 것은 사실이다. 꽉 막히는 도로를 뚫고 몇 시간을 운전해서 사무실로 가는 대신 집에서 일한다. 가족과 더 많은 시간을 보낼 수 있다(원한다는 가정하에). 나는 반려묘 발드릭을 무릎 위에 올려놓고 글 쓰는 것을 좋아한다. 페이스북으로 온라인 라디오 방송을 켤 때 함께 출연하기도 한다. 발드릭은 내 '아이들' 중에서 처음으로 방송에 나온 고양이는 아니다. 무지개다리를 건넌 소피아도 함께 방송한 적이 있는데, 사람들은 소피아를 내 조수로 생각하고 출연을 기다렸다.

탄소발자국은 앞으로 계속 줄어들 것이다. 온실가스가 감소하고 대중교통 이용량이 증가한다면? 어떤 결과를 불러올까?

우리의 소비 방식 역시 큰 영향을 미치는 요소다. 온라인 쇼핑? 나 역시 편의를 잘 누리고 있다. 책이나 음악 같은 취미를 즐길 때는 가게를 방문하지만, 사람과의 접촉 빈도는 확실히 예전보다 줄어들었다. 여러분이 카페나 서점에서 나와 마주치는 이유도 여기에 있다. 나는 동족의 냄새가 많이 나는 곳을 좋아하기 때문이다.

이 모든 사실은 사람이라면 모두 가지고 있는 또 다른 문제로 이어진다. 바로 과거다. 우리는 과거에 산다. 모두 '좋았던 옛날'을 그리워한다. 모든 세상이 훨씬 단순하게 보였던 행복한 시절 말이다. 옛날이 좋았다는 말은 좋은 의미가 아니다. 구세대가 신세대를 깎아내릴 때 주로 사용하기 때문이다. 나는 요새 젊은이들은 자기주장이 과하다는 말을 들은 적이 있다.

여러분도 그렇게 생각하는가? 표현의 자유는 모두의 권리가 아닌가? 실제로 정치, 종교, 사회 활동이 일어나는 곳에서 쉽게 들을 수 있는 말이다. 우리는 우리를 위협하는 이들을 공격하고 폭행하며 협박한다. 무엇을 위해서냐고? 당연히 여러분에게 어떤 도움도 되지 않는다. 따라서 다음에 누군가에게 메일을 쓰고 '보내기' 버튼을 누를 때는 신중하게 생각하기를 바란다.

우리가 어디에 있느냐는 질문에 대한 내 답변은 다음과 같다. 좋았던 옛날은 갔다. 완전히 끝났다. 이제 아무런 쓸모도 없다. 참고는 할 수 있다. 그렇다면 이제 무엇을 해야 하는가?

팬데믹은 인류애와 자신의 허약함을 깨닫게 했다. 우리는 항상 자신의 육체와 정신이 강하며 어떠한 방식으로든 흔들리지 않게 보호받는다고 생각한다. '나는 아니겠지', '나는 죽지 않을 거야'라고 믿는다는 말이다.

틀렸다. 여러분도 전염병에 걸릴 수 있고, 죽을지도 모른다. 지금 병마를 피해 숨은 동안, 자신을 돌아보고 다른 사람이 할 수 없게 된 일을 해내라. 생각할 시간은 많다.

나는 생활 방식을 크게 바꾸어야 한다고 생각하지 않는다. 하지만 지금의 삶을 다시 한번 재고해야 한다. 우리가 가진 것을 잃을 수도 있다. 하고 싶은 일을 하지 못하거나 가고 싶은 곳에 가지 못할지도 모른다. 인류가 발전하려면 반드시 생활 방식을 바꾸어야 한다. 머릿속에 한 단어가 계속 떠오른다.

감사

사랑하는 대상을 잃을 때까지 사랑했다는 사실을 결코 깨닫지 못한다. 좋아하는 사람이나 친구 혹은 반려동물 심지어 장소도 마찬가지다. 지금 상황을 보자. 그렇게 많지는 않아도 여기저기서 불평하는 소리가 나오고 있다. 운동도 못 하고 운동 경기도 못 보고 외출도 못 하고 이것도 못 하고 저것도 못 하고 못 하는 것이 많다고 투덜거린다. 큰 문제도 아닌 것 같은데 조치가 너무 과하지 않느냐고 볼멘소리를 하는 사람도 있다.

정말 그렇게 생각한다면 죽은 사람을 부여잡고 말해보라. 아니면 가족을 잃거나 잃을지도 모르는 상황에서 고통스러워하는 이들한테 가도 좋다. 아마 엉덩이를 걷어차일 것이다.

당신은 이 상황이 걱정되지 않느냐고? 당연히 걱정스럽다. 나는 지병이 있어서 이번 사태에 더 취약하다. 하지만 꼭 해야 할 일이 있으며 본분을 저버릴 생각은 추호도 없다.

같은 처지에 있는 예술가들이 무료 온라인 공연을 여는 모습을 보면 참 고맙다. 낯선 나라에 갇혀서 고향으로 돌아가지 못하는 사람도 있지만, 다들 각자의 위치에서 최선을 다한다. 지금까지 음악과 예술은 언제나 내면의 선함을 끌어내는 역할을 했고 우리는 저마다 맡은 일을 충실히 하고 있다.

지난 주말에는 새로운 책의 초고를 짰다. 이 정도면 갇혀서 보내는 시간을 꽤 잘 활용했다고 생각한다. 내 동료들도 창작활동이나 앞으로 닥칠 미래에 관해 생각하고 있으리라 확신한다.

나는 두 개의 아이패드에 가득 넣은 노래를 들을 수 있다는 사실에 감사한다. 글을 쓰는 동안 임의재생으로 설정하고 귀를 기울이면 힘이 생기는 기분이 든다. 세상에 기회는 차고 넘친다.

요크셔에 사는 소지라는 친구는 동료 음악가에게(나도 가끔은 음악가다) 상황이 완전히 끝나면 예전처럼 함께 공연하자고 제안했다. 당연히 그래야지. 이제 작별 인사를 할 시간이다.

시간이 흘러 다시 좋아하던 장소를 찾고 친구를 만나며 한때 당연하게 생각했던 활동을 하는 날이 오면, 나는 모든 순간을 아주 감사하게 받아들이겠다. 숨을 들이쉬고 내쉬면서 우리가 싸우고 생존하는 일에 도가 튼 존재라는 사실을 되새길 것이다.

나와 함께하라. 우리는 마음먹은 대로 이루어가는 인간이다. 모두가 평안하기를.

┆ 저자 정보 ┆

토리 게이츠는 시대를 역행하여 사회와 인간의 문제를 다루는 영어덜트·크로스오버 픽션을 쓰는 작가다. 세 번째 책 《Searching for Roy Buchanan》은 첫 번째 영어덜트·시간 여행 시리즈였다. 속편 《Call it Love》는 2020년 출판 예정이다.

토리는 30년 이상 잔뼈가 굵은 방송인이다. 북스피크 네트워크에서 작가들을 대상으로 하는 프로그램 〈The Brown Posey Press Show〉를 진행한다. 펜실베이니아 중부 지방의 여러 라디오 방송국에서도 음악이나 사회 문제 관련 프로그램을 맡고 있다. 해리스버그에 거주한다.

전염병이 인간 계몽에 미치는 영향

○ 마크 칼슨

"전염병 환자 본 것처럼 피하네"라는 말이 있다. 너무 흔한 관용어구라서 기원이 무엇인지 생각할 이유도 없다. 어떻게 생각하면 인류 역사상 가장 오래되고 심오한 표현일지도 모른다. "위기는 위험과 기회의 약자"라는 말도 있다. 최악의 위기 속에서도 좋은 기회를 잡을 수 있다는 뜻이다.

먼 옛날, 선진국들은 경제 호황을 누리며 무역, 사업, 여행을 통해 밀접한 관계를 이어갔다. 수년 동안 풍년이 이어지면서 사람들의 수명이 늘어났고 인구수가 증가했다. 좋은 시절이라는 말은 이때를 위해 존재하는 듯했다.

어느 날부터 날씨가 변했다. 유난히 춥고 긴 겨울이 이어졌다. 여름 강수량이 연이어 대폭 증가하면서 흉년이 시작되었다. 식량난과 기근이 닥쳤다. 사업과 무역에 어려움이 생기면서 한때 호황을 누리던 경제는 더 타격을 받았다. 음식과 돈이 줄어들자, 사람들은 허리띠를 졸라맸다. 공격에 취약할 수밖에 없었던 상황이었다.

그때 동아시아에서 침략자가 나타났다. 침략자는 공포와 질병 그리고 죽음을 퍼뜨렸다. 눈에 보이지 않았기에 아무도 사람들이 죽는 이유를 알 수 없었다. 불과 몇 주 만에 수천 명이 목숨을 잃었다. 며칠 만에 사망하는 사람도 많았다. 그 어떤 가정, 마을, 국가도 죽음의 침략자를 피할 수 없었다. 몇 달이 지나도 사망자는 끊임없이 속출했고 시체를 묻을 일손이 부족한 상황에 이르렀다. 사람들은 죽은 자를 집단 무덤에 묻거나 커다란 장작더미에 올려 태웠다.

우리 모두에게 너무나도 익숙한 상황에 대한 묘사로 들리겠지만, 여러분이 태어나기도 전에 벌어진 일이다. 약 700년 전, 1347년 중세 유럽에서 일어난 사건이다. 침략자의 정체는 간균이 일으키는 가래톳 흑사병이다. 기록에 남은 첫 번째 발병 사례는 6세기 비잔티움 제국에서 일어난 사건으로, 2000만 명이 넘는 사망자가 발생했다. 다시 8세기가 지나 가래톳 흑사병이 또다시 유행했고 위에서 언급한 대로 엄청난 피해가 속출했다. 질병의 기원은 몽골이었는데, 아시아에서 향신료, 비단, 양모를 포함한 여러 상품을 싣고 출발한 배가 흑해를 거쳐 지중해에 도착하면서 문제가 터졌다.

가래톳 흑사병은 그리스, 이탈리아, 남부 프랑스의 여러 무역항에 상륙하여 산불처럼 걷잡을 수 없이 번졌다. 가게, 가정, 마을, 도시는 물론이고 이탈리아부터 스웨덴에 이르는 유럽 국가 전체가 피해를 받았다. 사망자 수는 유럽 인구 3분의 1인 4000만 명 이상으로 추정하고 있다. 사망률만 보면, 인류 역사상 최악의 팬데믹인 셈이다. 19세기 중반까지는 '역병'이라고 불렸으며 이후 '흑사병'이라는 이름이 붙었다.

　중세 시대의 의학은 기껏해야 부러진 팔다리나 가벼운 위 질환을 고치는 수준이었다. 치료법이라고는 사혈법, 거머리 요법, 약초 처방이 전부였다. 건강했던 사람들이 단 며칠 만에 죽어 나가는 이유가 눈에 보이지 않는 세균 때문이라고 주장할 만큼 수준 있는 의사가 없었다는 말이다. 설상가상으로 전염 경로까지 오리무중이었다.

　당시에는 대부분의 집에 뚜껑이 없는 하수도가 흘렀고 길거리에 동물 배설물이 가득했다. 유럽 심장부의 마을에도 개, 고양이, 쥐, 돼지가 여기저기를 마음대로 헤집고 다녔다. 개인위생과 공중위생 개념은 전혀 없었고 평균 수명은 50세를 넘지 않았다. 자상 혹은 찰과상으로 인한 감염이나 충치 때문에 죽는 사람도 있었다. 벼룩에 물리는 일은 일상이었다. 중동과 유럽 지역에 사는 수천만 명에게 가래톳 흑사병을 퍼트린 매개체가 바로 이 벼룩이다. 감염된 벼룩에 물리면 며칠 이내로 독감 증상이 나타나며, 곧 고통과 함께 흉측한 검은색 반점이 사타구니와 겨드랑이에 퍼진다.

　병이 여기까지 진행되면 호흡 부전으로 사망하는 일은 시간문제였다. 일가족은 물론이고 지역 규모로 떼죽음을 당했다. 안전한 사람은 아무도 없었다. 병은 부유한 자와 가난한 자, 배운 자와 글을 모르는 자, 거룩한 자와 속된 자, 거상과 소매상인, 노인과 젊은이, 귀족과 농부를 가리지 않았다. 하지만 1351년으로 넘어가면서 상황은 호전되었고 역병의 공포는 생존자의 기억 저편으로 사라졌다.

　사학자이자 작가 제임스 버크에 따르면, 1347년부터 1351년까지 이어진 가래톳 흑사병 팬데믹은 역사에 뜻밖의 엄청난 영향을 미쳤다. 생물학 재앙을 이겨낸 유럽인이 새 시대의 선구자로 자리 잡았기 때문이다. 죽은 자는 재산과 땅을 후손에게 물려주었고 살아남은 자는 얻은 부를 십분 활용했다. 여전히 흑사병의 원인에 관해서는 참담할 정도로 무지했지만, 살아남은 이들은 '사치'라고 밖에 볼 수 없는 일에 자원을 투자했다. 역사를 돌아보는 입장에서 볼 때 철딱서니가 없다고 생각할지도 모르겠다. 하지만 무분별한 소비 행각에는 목숨을 건졌다는 사실을 안도하는 의미가 있었다.

역병이 지나간 유럽에는 수십 년 만에 새로운 의복과 고급 가구가 나타났다. 부자들은 금실과 은실로 수놓은 비단옷을 탐했고 중산층은 양모와 벨벳 재질 옷을 입었다. 가장 인기 있던 옷감은 리넨이었다. 아마가 가격이 저렴했기 때문이다. 얼마 가지 않아 리넨은 소녀와 젊은 여성의 치마 안감, 코트 원단, 침대에 흔히 들어가는 소재로 자리 잡았다. 지금과 마찬가지로 리넨이 해질 때까지 쓰다가 버렸다.

리넨 열풍은 오래전에 사라진 중세 유럽의 상징 하나가 재등장하는 계기가 된다. 옛날에는 비료를 만들기 위해 집마다 다니면서 뼈를 구걸하는 사람이 있었는데, 대개 본 맨(Bone man)이라고 불렀다. 다시 나타난 본 맨은 이제 낡은 리넨까지 같이 수거하면서 래그 앤 본 맨(Rag and bone man)이라는 별명을 얻었다.

모은 리넨의 용도는 다음과 같다. 천을 칼로 잘게 잘라서 48시간 동안 물에 담근다. 그다음에는 중세 시대 핵심 동력인 물레방아를 이용해 두드려준다. 그러면 두꺼운 하얀색 진흙처럼 생긴 찌꺼기가 물 위에 떠오르는데, 모아서 고운 철망 위에 올린다. 이제 종이 반죽과 펠트지를 번갈아 가면서 쌓고 커다란 압착기로 눌러서

물기를 제거하고 말린다.

그러면 오늘날 래그 페이퍼라고 부르는 종이가 탄생한다. 래그 페이퍼는 목재 펄프지보다 질이 좋았고 동물을 잡아서 만드는 피지보다 저렴했다. 수 세기 동안 필경사와 기록관은 비용을 절약하기 위해 어쩔 수 없이 종이를 재활용할 때가 많았다. 이제 저렴하고 쉽게 구할 수 있는 래그 페이퍼가 출현하면서 상황이 변했다. 그러나 출생, 사망, 재산, 세금, 판결, 계약, 은행 계좌를 관리하던 서기 대부분이 가래톳 흑사병으로 죽으면서 살아남은 인력은 과로에 시달렸고 대신 임금이 올라갔다.

종이의 발달에 날개를 달아준 사람은 1452년에 금속활자를 발명한 독일의 요하네스 구텐베르크다. 구텐베르크는 복사 시간과 비용을 기존 대비 400분의 1로 줄이면서 세상을 바꾸었다. 금속활자의 탄생 이후 20년 동안 유럽에 수백 개가 넘는 금속활자 인쇄소가 생겼다.

한때 가래톳 흑사병으로 황폐했던 땅에 번영의 시기가 찾아왔고 문맹률이 급락하면서 지식과 과학 수준이 발달했다. 인쇄술 덕분에 책이 흔해지면서 인류 역사상 가장 격동적인 시기가 펼쳐지고 르네상스, 종교개혁, 계몽운동이 도래한다. 이러한 사건은 근대로 넘어가는 계기로 작용한다.

가래톳 흑사병이 출현하고 한 세기가 넘어서야 금속활자가 나타났지만, 둘의 관련성은 명확하다. 1665년과 1720년에도 유럽에 전염병이 돌면서 엄청난 수의 사망자가 발생했는데, 마찬가지로 잠잠해진 뒤에는 인구수가 급증했으며 다른 형태의 번영을 누렸다.

역사에 긍정적이면서도 심오한 영향을 미친 질병은 가래톳 흑사병뿐만이 아니다. 의학 수준은 19세기 후반까지도 처절했고 세균성 전염병의 확산 경로를 파악할 수 없었다.

콜레라 사태를 살펴보자. 콜레라는 심각한 설사와 탈수로 사망에 이르는 질병이다. 1832년과 1847년 런던에서 콜레라로 죽은 사람을 합하면 거의 1만 5000명에 이른다. 콜레라균의 매개체인 사람의 배설물이 하수도에서 새어 나와 흙으로 들어갔고 일부가 구식 수도관으로 유입되었기 때문에 전염병이 퍼졌다는 사실을 알아차린 사람은 아무도 없었다.

빅토리아 시대의 의학계는 중세 시대와 별반 다르지 않았다. 보이지 않는 미생물이 전염병을 유발한다는 가능성을 일축하고 오염된 템스강에서 나는 악취가 질병의 원인이라고 주장했기 때문이다. 템스강 근처에 사는 최빈곤층이 가장 많이 죽었다는 사실 역시 '공기 전파설'을 뒷받침하는 근거로 작용했다.

1854년, 마침내 의사 존 스노우와 현지 성직자 헨리 화이트헤드가 브로드 스트리트를 덮친 전염병의 원인이 런던의 상하수도 체계에 있다는 사실을 밝혀냈다. 통계학과 인구 자료를 사용해 감염 경로를 파악하고 추적한 최초의 사례는 빅토리아 시대 영국인 셈이다. 스노우는 조사를 통해 안쓰러울 정도로 조잡한 나무와 벽돌 하수구가 새면서 빈민가 사람들이 사용하는 공공 펌프를 오염시켰다는 사실을 밝혀냈다.

스노우의 이론은 브로드 스트리트의 펌프 가동을 멈춘 뒤 콜레라 사망자가 급격하게 줄어들면서 증명되었다. 영국 의회는 마침내 전염병의 근원을 박멸하는 법을 제정했으며 런던에서 이름을 날리던 토목 기술자 조셉 바잘겟은 건설 감독을 맡아 제대로 된 하수도와 정수처리시설을 만들었다. 콜레라에 당한 전적이 있던 파리와 여러 내도시도 런던의 조지를 모방했다.

이러한 변화가 루이 파스퇴르의 미생물학 연구와 조지프 리스터의 무균수술법과 맞물리면서 감염이나 출산으로 인한 사망자 수가 대폭 감소했다. 크림 전쟁에서 활약한 플로렌스 나이팅게일은 당시 엄청나게 보수적이었던 의학계를 압박하여 부상병 간호 체계를 바꾸어 놓는 성과를 올렸다.

스티븐 존슨은 자신의 상징과도 같은 책,《바이러스 도시》에서 스노우의 업적을 역학 조사의 전환점으로 묘사했다. 물론 과학계가 세균성 질병의 감염 원리를 알아내는 모습을 보려면 또 반세기를 기다려야 하지만, 19세기는 처음으로 공중 보건 개념이 발전한 시기라는 의미가 있다. 마찬가지로 인류가 생물학 재앙의 끔찍한 피해를 이겨낸 다음 어떻게 번영하고 성장하는지 보여주는 또 다른 예시이기도 하다.

우리는 아직 부족하며 지금 닥친 팬데믹에서도 배워나가고 있다. 맞닥뜨린 대재앙을 파악하고 이해하려는 인류의 노력은 언제나 엄청난 사회 변화와 진보로 이어졌다는 사실을 잊지 않기를 바란다.

┌ ─ ─ ─ ─ ─ ─ ┐
│ 저자 정보 │
└ ─ ─ ─ ─ ─ ─ ┘

마크 칼슨은 20개가 넘는 국제 잡지에 원고를 보내는 전사학자다. 법적으로 맹인이며 음성 소프트웨어의 도움을 받아 작업한다. 지금까지 세 권의 책을 냈는데, 최근에 낸 책으로는 선버리 출판사에서 펴낸《Lost Squadron: The Odyssey of VMF-422》가 있다. 칼슨은 토스트마스터즈의 전 회장이자 유명한 연설가이기도 하다. 부인 제인과 샌디에이고에서 살고 있다.

1918년의 팬데믹

ㅇ 와일리 맥라렌

유럽에서 벌어진 제1차 세계대전은 1918년으로 막바지에 들어섰다. 연합군과 함께 참호 속에서 독일군과 맞섰던 미군은 참혹한 환경에서 전쟁을 치렀는데, 도저히 더 나빠질 구석이 없을 정도였다. 적어도 1918년 초에 한 바이러스가 등장하기 시작하기 전까지는 그랬다.

처음에는 평범한 감기 바이러스와 크게 다르지 않다고 생각했다. 하지만 1918년의 독감은 감기와 비교할 수 없을 정도로 위험했다. 조류 독감에서 유래하여 1918년 전 세계를 덮친 치명적인 스페인 독감은 현대사를 통틀어 가장 지독한 팬데믹이었다. 스페인 독감이 창궐한 2년 동안 세계 인구의 5분의 1 이상이 감염되었는데 숫자로 환산하면 거의 5억 명이다. 사망자 수는 무려 5000만 명에 달했다.

처음에는 바이러스성이 아닌 세균성 전염병이라고 생각했고, 과학자들 역시 같은 방향으로 백신을 개발하려고 했다. 당연히 성과는 없었다. 과학계는 바이러스의 존재는 알았어도 지금처럼 성능이 뛰어난 현미경이 없었기에 바이러스를 직접 볼 수 없었다. 또한 사람의 입에서 튀어나오는 침방울에 어떤 물질이 있는지 알지 못했다. 결국 스페인 독감은 순식간에 퍼졌다.

스페인 독감 바이러스를 보유한 사람들이 교역로와 항로를 따라 여러 나라를 다니면서 병을 퍼뜨렸다. 북아메리카, 유럽, 아시아, 아프리카, 브라질, 남태평양 국가에서 환자가 속출했다. 대부분이 스페인 독감 바이러스가 보통이 아니라는 사실을 알아차렸다.

바이러스의 기원에 관해서는 의견이 나뉜다. 항원대변이를 일으킨 중국발 독감 바이러스라는 주장도 있다. 기존 바이러스의 껍데기를 이루는 단백질이 재편성되면서 새로운 바이러스가 탄생했고 거의 모든 사람의 면역 체계를 무용지물로 만들었다. 특히 인도는 사망률이 유난히 높았으며 100명당 5명꼴로 목숨을 잃었다.

제1차 세계대전 동안 육군과 해군이 대규모 이동 작전을 펼치면서 바이러스가 빠르게 퍼졌다. 군인 특성상 젊은 남성이 많았기에 다른 팬데믹과는 다르게 건강한 청년층의 사망률이 기형적으로 높았다. 수백만 명의 청년이 배와 참호 그리고 들판에 빽빽하게 모여서 전투를 치르는 내내 바이러스는 진영을 가리지 않고 행패를 부렸고 결국 전사자보다 병사자가 많은 지경에 이르렀다.

'스페인 독감'이라는 이름이 붙은 이유는 연합국이나 동맹국과 달리, 중립국이었던 스페인의 언론은 전시 검열을 받지 않았기 때문이다. 스페인 신문은 전염병의 실태를 상세하게 보고했으며 스페인에서 흘러나온 이야기가 널리 퍼지면서 스페인이 질병의 근원지라는 잘못된 소문이 돌기도 했다.

1918년 초봄, 미국 내 군사 기지에서 최초의 스페인 독감 환자가 발생했다. 더 심각한 사태로 이어질 징조가 보였지만, 전쟁이 한창인 상황에서 훈련소에서 유행하는 전염병 따위에 신경 쓰는 사람은 거의 없었다. 그러나 가을 무렵에는 사망률이 무시할 수 없는 수준에 이르렀고 그제야 초기 대처가 미흡했다는 지적이 나왔다.

유럽에서 사망한 미군 절반은 적의 무기가 아니라 독감 바이러스로 죽었다. 살아남은 병사들은 바이러스와 함께 고국에 발을 디뎠고 접촉한 사람들이 감염되면서 다시 한번 전염병이 유행했다. 이번에는 민간인이 죽어 나갔으며 1918년 10월에만 미국인 약 20만 명이 사망했다. 전쟁이 끝나던 1918년 11월 11일, 사람들이 휴전을 기념하면서 퍼레이드와 대규모 파티를 벌였다. 이로 인해 일부 도시의 감염자가 급격하게 늘어났으며 겨울 동안 수백만 명의 감염자가 발생하는 상황으로 이어진다. 팬데믹 동안 미국인 약 67만 5000명이 스페인 독감으로 사망했는데, 이는 제1차 세계대전 사망자의 10배에 달하는 수치다.

병원은 병자를 더 감당할 수 없었다. 의사도 부족했다. 많은 의사가 전쟁과 병으로 목숨을 잃었다. 의대생 대부분이 환자를 돌보러 나섰다. 적십자는 스페인 독감에 맞설 인력을 최대한 끌어모으기 위해 국제단체를 설립했다. 응급병원도 추가로 지었다.

일부 지역에서는 간호사가 턱없이 부족했다. 결국 현지 회사들에 입김을 넣어 근로자가 병원에서 야간 자원봉사를 하면 하루 휴가를 주는 제도를 도입하게 했다. 일리노이주의 오대호 해군병원 소속이었던 간호사는 당시 근무하던 병원과 주변 병원의 상황을 다음과 같이 묘사했다.

"시체가 영안실 천장까지 쌓였다. 장의사는 밤을 새워가면서 작업했다. 커다란 붉은색 트럭이 도착할 때까지는 숨 한 번 돌릴 수 없었다. 시체를 실은 트럭은 사망자를 고향으로 보내기 위해 기차역으로 향했다. 우리는 부상자를 치료할 시간이 없었다. 체온이나 혈압을 측정할 틈도 없었다. 짬을 내서 위스키로 만든 핫 토디를 한 잔 줄 뿐이었다. 환자들은 코피를 심하게 쏟았다. 가끔은 피가 방 건너편까지 튀기도 했다. 통로에서 꾸물거리다가는 누군가의 코에서 튀어나온 피를 온통 뒤집어써야 했다."

감염학과 면역학 분야에 출현한 '신과학'을 선도하는 사람들은 급속하게 퍼지는 위험한 전염병을 막을 백신과 치료법을 찾아내기 위해 안간힘을 썼다.

첫 증상은 어느 날 갑자기 나타난다. 먼저 등이나 관절에 날카로운 통증이 생기면서 운동 기능이 떨어진다. 이후 어지럼증과 발열 그리고 오한을 앓다가 폐렴에 걸린다. 항생제를 투여하지 않으면 청색증으로 피부가 파란색으로 변한다. 마지막으로, 폐에 물이 어느 정도 차오르고 환자는 침상 위에서 익사한다. 출근하던 사람이 고통을 호소하다가 수 시간 내로 죽었다는 이야기도 있다.

한 의사는 스페인 독감 환자에 대해 이런 글을 남겼다.

"지금까지 본 폐렴 중에서 가장 잔인하다. 환자는 질식해 죽을 때까지 의미 없는 발버둥을 칠뿐이다."

의사들은 무력했다. 사람들이 떼죽음을 당하면서 시체가 산처럼 쌓였다. 의료 인력과 물자는 물론이고 관과 장의사 그리고 무덤 파는 사람도 부족했다. 독감 감염을 예방하는 백신도 없고 독감 감염으로 이어지는 2차 세균감염을 치료할 항생제도 전무했다. 세계에서 질병을 통제하기 위해 시행한 조치는 비약물적 중재가 고작이었다. 강제 격리, 자가 격리, 개인위생 관리, 소독제 사용, 공공 집회 제한 정도가 전부였으며 이마저도 제대로 이루어지지 않았다.

운이 좋아 감염을 피한 사람들은 질병 확산을 막는 나라의 조치에 따라야 했다. 전쟁 도중 자유를 반납하고 엄격한 규칙을 따르는 경험을 한 적이 있었기에 독감의 예방, 진단, 치료에 필요한 의학계와 과학계의 지시에 무난하게 따랐다. 백신이 없었으므로 공중보건을 첫 번째 방어선으로 삼아야 했다. 따라서 학교, 가게, 식당을 폐쇄하고 대중교통과 공공 집회를 제한했으며 물리적 거리 두기를 권고했다.

모든 사람이 통제에 따르게 할 수는 없었다. 샌프란시스코의 한 검역관은 의무였던 마스크 착용을 거부한다는 이유로 세 명을 총으로 쏴 죽였다. 애리조나의 경찰은 마스크를 쓰지 않은 사람들에게 약 1만 원에 해당하는 벌금을 부과했다. 결국 이러한 조치가 효과를 내기 시작했다. 대도시를 봉쇄하고 공공 집회를 엄격하게 제한하고 통제하자 대도시별 전염률이 30~50% 감소했다.

자가 격리 의무화와 근무 시간 조정 정책을 내놓으면서 발 빠르게 대처한 뉴욕시는 동부 해안 도시 중에서 사망률이 가장 낮았다. 백신을 개발할 때까지 시간을 벌고 의료 서비스 체계의 부담을 낮추는 데 성공한 셈이다. 그렇다고 중재 조치를 너무 일찍 완화하면 기껏 안정 상태로 접어든 도시에 다시 감염자가 속출할 수 있다.

세인트루이스는 사망률이 낮다는 사실에 지나치게 긴장을 풀어버렸고 결국 공공 집회 제한을 해제했다가 감염자가 쏟아져 나오는 결과를 초래했다. 규제 조치를 그대로 유지한 도시는 2차 유행 때 사망률이 높지 않았다. 연구진은 병의 확산세를 줄이는 핵심 조치가 물리적 거리 두기라는 사실을 밝혀냈다. 거의 1세기 이후에 벌어진 코로나바이러스감염증-19와의 전투 역시 마찬가지일 가능성이 높다.

1919년 1월에 찾아온 3차 유행은 봄이 끝나기 전에 사그라들었다. 그러나 이로 인해 역사에 엄청난 영향을 미치는 사건이 일어난다. 1919년 4월 3일, 파리 강화 회의에서 우드로 윌슨이 쓰러지는 일이 일어난다. 후대는 윌슨이 14개조 평화원칙을 포기한 이유가 갑작스러운 건강 악화와 회의 도중에 보인 심각한 혼란 증세 때문으로 추측했다.

결과는 참담했다. 불과 30여 년 만에 제2차 세계대전이 일어날 정도로 형편없는 평화 조약이 탄생하고 말았다. 일부 사학자는 윌슨의 혼란 증세를 가벼운 뇌졸중 탓으로 돌렸다. 그러나 실제로는 열이 39.5도까지 올라가고 심한 기침 발작과 설사를 포함해서 여러 가지 심각한 증상이 나타났다. 뇌졸중으로는 설명할 수 없는 부분이다.

당시 파리에는 스페인 독감이 유행했고 윌슨의 젊은 보좌관 한 명도 스페인 독감으로 죽었다는 사실만 보아도 진위를 알 수 있다. 이후 전문가들은 스페인 독감 환자 대다수가 인지 장애와 정신 이상 증세를 보였다는 사실에 동의했다. 1927년, 한 권위 있는 의학계에서는 다음과 같은 결론을 내렸다.

"스페인 독감이 극심한 신경정신병 증상을 유발한다는 사실은 의심의 여지가 없으며, 호흡계에 미치는 영향만큼이나 중한 증세가 나타난다."

과학자와 여러 전문가는 2차 유행이 1차 유행보다 위험했던 이유를 포함해 바이러스의 정체와 바이러스가 불러온 파괴에 관한 여러 질문의 답을 찾으려 하고 있다. 일부는 1차 유행이 스페인 독감 바이러스가 아닌 평범한 계절 독감 바이러스로 인해 발생했다고 주장했다. 하지만 여러 증거로 미루어 보아 스페인 독감 바이러스는 무난한 형태와 위험한 형태가 있어 감염 증상이 두 가지로 나뉘었으며 무슨 연유인지는 몰라도 치명적인 바이러스가 더 흔해졌다는 설이 압도적이다.

3차 유행이 끝난 뒤에도 스페인 독감은 사라지지 않았다. 단지 옛날만큼 사람을 해치지 못할 뿐이다. 많은 사람의 면역 체계가 해당 바이러스를 적으로 인식하기 때문이기도 하고 이제 사람의 폐에 쉽게 침입할 수 없어진 것도 있다. 피에 굶주린 살인자가 아니라, 하나의 계절 독감으로 모습을 바꾼 셈이다.

1918년 이래로 많은 독감 팬데믹이 발생했지만, 이전만큼 위험하지는 않았다. 1957년에서 1958년 사이에 유행한 독감 팬데믹은 미국인 7만 명을 포함해 세계에서 200만 명의 목숨을 앗아갔다. 1968년과 1969년에 발생한 팬데믹은 미국인 3만 4000명을 포함하여 세계 100만 명의 사망자를 기록했다. 코로나바이러스감염증-19 팬데믹은 치명적이고 두려운 전염병이다. 하지만 우리도 바이러스의 특성과 확산 억제법을 예전보다 훨씬 잘 알고 있다.

저자 정보

와일리 맥라렌은 테네시주 멤피스에서 자랐다. 테네시대학교에 입학하여 플레너리 오 코너 작가의 친한 친구 로버트 드레이크 밑에서 소설과 작문을 배웠다. 초기 프로 미식 축구 이야기를 담은 선버리 출판사의 책 《Tigers by the River》를 쓴 작가이기도 하다.

미래의 팬데믹은 어떤 점에서 다를까?

○ 토마스 마라파리나

제3차 세계대전이 발발했다. 하지만 이번에는 인간끼리 벌이는 내전이 아니다. 각국은 보이지 않는 적인 벌레, 세균, 바이러스와 싸운다. 코로나바이러스감염증-19와의 전쟁이다. 아직 전쟁의 결말을 예측하기에는 이르다. 앞으로 얼마나 많은 사람이 목숨을 잃을지도 모른다. 살아남은 사람들은 다음 팬데믹을 어떻게 대비할까? 팬데믹은 반드시 다시 나타난다.

판도라의 상자는 진작 열려 있었고 대규모 체제 전환은 결국 피할 수 없는 일이었다. 글을 쓰는 지금 이 순간에도, 코로나바이러스감염증-19 팬데믹은 세계를 휩쓸며 수천 명의 사람을 죽이고 있다. 치료제도, 백신도, 상황이 끝날 기미도 없다.

각국의 정부는 현대 역사상 최초로 국가 봉쇄령을 선포했다. 사상자가 수백만 명에 이르는 일을 예방하기 위해 울며 겨자 먹기로 한 일이었다. 지나치게 비관적으로 들릴지 모르겠지만, 이 책을 출판할 무렵에는 나나 다른 저자 역시 코로나바이러스감염증-19에 걸렸을 가능성도 있으며, 일부는 끔찍한 질병에 목숨을 잃을지도 모른다.

나는 지금은 건강하다. 하지만 코로나바이러스감염증-19와 팬데믹 특성상 당장 내일 어떻게 될지도 모르는 일이다. 이 자리를 빌려 분명히 말하건대, 내가 희생자 명단에 오르는 일이 있다면 이 책을 내 유작으로 출판하기를 바란다. 아주 신파극을 찍는다고 생각하나? 두 달 전이라면 나도 그 말에 동의했을지도 모른다. 지난 몇 주 동안 보아온 세상을 생각하면 꼭 그렇지만은 않다.

정부는 상황이 나아질 때까지 몇 주 정도 각자의 집에 머무르도록 강제하는 '자택 대피령'을 내렸다. 말이 좋아 대피령이지 '봉쇄령'에 가깝다. 처음에는 2주 동안 집에 머무르라고 권고했다. 시간이 지나고 2주가 4주로 변했다. 3월 말 현재, 봉쇄령이 풀리려면 적어도 4월 말까지는 기다려야 한다. 이러는 동안 시체는 계속 쌓이고 있다.

미국 기업 대부분은 생명을 유지하는 데 꼭 필요하지 않다는 판정을 받아 어쩔 수 없이 영업을 중단했고 수백만 명이 일자리를 잃는 초유의 사태가 발생했다. 주식시장이 폭락한 탓에 투자자들은 엄청난 손해를 입었다. 정부가 경기부양책을 곧 발표한다고는 해도 경제에 어떤 장기적 영향이 미칠지는 아직 알 수 없다. 학교, 교회, 식당, 술집 너나 할 것 없이 사람이 모이는 곳이라면 전부 문을 닫아걸었다. 비행기도 이륙하지 않는다. 정부가 아니라, 두려움에 질린 소비자 때문이다. 고속도로 역시 겁에 질린 사람들이 물건을 전부 집어간 식료품점 선반처럼 텅 비었다.

우리는 '사회적 거리 두기' 캠페인을 도입했다. 쉽게 말해 다른 사람과 최소 2미터 간격을 유지하라는 이야기다. 오랜만에 아는 사람을 만나도 악수나 포옹을 하지 않는다. 다른 신체 접촉 모두 마찬가지다. 많은 사람이 팬데믹 이후로 자녀나 손주를 보거나 안지 못했다. 식량처럼 필요한 물건을 사거나 반려견과 산책하러 나갈 수는 있다. 하지만 반드시 겁에 질린 토끼처럼 집으로 돌아와 자택 대피령에 따라야 한다.

해고당하지 않은 사람들은 웬만하면 집에서 업무를 본다. 나처럼 재택근무가 불가능한 사람들은 (나는 군수품 제조업에 종사한다) 최대한 사람과의 접촉을 피하면서 출근해야 한다. 1980년대를 풍미한 밴드 REM의 노래 제목이 떠오른다.

"우리가 아는 세상의 종말이 왔다."

낙관적인 부분도 있기는 한데, 전혀 희망차게 들리지 않을지도 모른다. 참고로 나는 꿈도 희망도 없는 낙관론자다. 그래도 우리가 이번 팬데믹에서 살아남는다면 가능성은 있다고 생각한다. 미래에 또 팬데믹이 찾아오면 인류는 어떻게 대처할까? 전례는 많았고 지금도 매일 늘어나고 있다.

우리는 잘 모르는 적과 전투를 벌인다. 한때 영원하리라고 생각했던 삶의 여러 부분이 더는 존재하지 않는다. 틀에 박힌 규정은 불타 없어졌다. 인류는 불시의 습격에 허를 찔렸다. 한 번 속으면 속인 사람 잘못이지만 두 번 속으면 속은 사람 잘못이다. 제2의 코로나바이러스감염증-19사태가 일어나서는 안 된다.

팬데믹이 끝나고 나면, 살아남은 사람들은 몇 가지 간단한 조치를 하면서 다음 팬데믹을 대비할 것이다. 먼저 개인의 행동을 예측해보자. 내 생각에는 물건을 대량으로 사들일 것 같다. 봉쇄령이 또 내려질 때를 위해 잘 상하지 않는 음식을 지하실 선반에 가득 채워놓기 위해서다. 회원권을 구매하면서까지 대형 마트에 다니며 종이 수건, 휴지, 화장지를 대량으로 사던 사람들을 비웃던 이들이 앞다투어 회원권을 구매할 것이다. 집마다 비상식량을 보관하는 장소를 만들 것이다.

가게는 상황이 약간 다르다. 2020년의 휴지 대란과 같은 기상천외한 대참사를 막기 위해 위기 상황에서 특정 물건을 일정 수준 이상으로 구매하지 못하는 법을 즉각 제정할 가능성이 높다. 내가 이번 팬데믹을 이겨내고 살아남는다면 절대 받아들이지 않을 부분이다. 화장지법이라고? 제정신인가?

또 어떤 조치를 내릴까? 새로운 슈퍼박테리아가 나타났고 나와 여러분을 포함한 일부는 운이 좋아서 백신을 접종할 수 있었다고 가정하자. 그렇다면 백신을 맞지 않은 사람에게는 어떤 일이 일어날까? 병에 걸려도 치료를 거부당할까?

정부는 이들이 바이러스를 퍼트리도록 방치할까, 강제로 백신을 접종할까? 강제로 백신을 주사했다가 일부 사람이 부작용이나 알레르기 반응을 호소한다고 생각해보자. 둘 사이의 인과관계를 증명한다면 법으로 보상받을 수 있을까? 백신 접종을 끝까지 거부하면 구류 시설로 끌려갈까?

허무맹랑하고 공상과학소설에서나 등장할 법한 이야기라고 생각할지도 모른다. 하지만 언급한 모든 가능성은 실제로 일어날 수 있는 일이다. 심지어 이 책이 출판되기 전에 현실이 될지도 모른다. 상황이 엄청난 속도로 변한다는 사실을 고려하면 놀라운 것도 없다.

기업은 어떨까? 새로운 세계에 어떤 식으로 적응할까? 대부분 사람이 재택근무를 할 것이다. 대신 늘어난 트래픽을 처리하기 위해 인터넷 안정성을 보강할 필요가 있다. 지금도 인터넷 사용량이 늘어나면서 심각한 대역폭 문제가 발생했다.

이번에 강제 폐쇄 상태로 들어갔던 생명 유지와 관계없는 회사들을 생각해보자. 혹시 고용인에게 지급할 보수 일부를 따로 모아 두었다가 다음 팬데믹이 닥쳐서 자택 대피령이 내려졌을 때 월급과 의료비로 지급하는 정책을 시행하지는 않을까? 아니면 아예 재난 보험을 설계해서 고용인이 의무로 가입하게끔 할 가능성도 있다.

내 말을 기억하라. 우리가 살아남으면서 '자택 대피령'의 효과가 검증된 이상, 정부는 또 봉쇄령을 내리게 되어 있다.

이번 위기 상황 동안, 나는 가전제품 매장, 식료품 가게, 편의점, 의료 시설이 1960대 싸구려 공상과학영화에 나올 법한 상태로 돌아가는 현장을 목격했다. 나는 내가 가게 앞에 줄을 서서 기다리는 날이 올 줄은 차마 몰랐다(줄을 설 때도 '사회적 거리 두기'에 따라 모든 사람과 2미터 간격을 유지한다). 매장 스피커에서는 무감정한 로봇 같은 목소리가 들렸다.

"저희 매장을 찾아주셔서 감사합니다. 고객님의 건강과 안전을 최우선으로 생각하겠습니다. 언제나 사회적 거리 두기 캠페인에 따라주시고 손 씻기를 생활화합시다. 즐거운 쇼핑 되십시오."

다른 가게에서는 안으로 들어가기 전, 입구에 설치한 접이식 테이블에서 소독제를 손에 바르도록 안내했다. 쇼핑할 때는 직원 한 명과 함께 다녀야 했다. 매장 안의 손님이 6명 이상이면 줄을 서서

기다렸다(이때도 사회적 거리 두기에 따른다). 쇼핑을 마치고 계산대에 오면 물건을 카운터에 올리고 즉시 플렉시 글라스로 된 칸막이 뒤로 물러섰다. 계산원을 감염시킬 우려가 있기 때문이다. 이 모든 예방책이 꼭 필요하다는 사실을 잘 알고 있고 이해한다. 하지만 현실에서 벌어지고 있는 일이 맞는지 혼란스럽다. 참고로 나는 공포소설을 쓰는 작가다. 상황이 얼마나 기괴한가에 대해서 긴말이 필요한가? 잊지 말라. 지금 우리가 있는 곳은 공상과학소설 속이 아니다. 모두 현실이다. 내가 할 수 있는 일이라고는 앞으로 무슨 사건이 터질지 상상하는 것뿐이다.

정부가 시민의 몸에 백신 접종 기록을 담은 데이터 칩을 이식할지도 모른다. 시설을 오가는 사람들의 칩을 스캔하면서 면역력 기준에 어긋나는 자의 출입을 거부하는 식으로 활용하기 위함이다.

일자리가 있는 곳이라면 어디든지 사용 가능한 체계이며, 근로자와 시민의 안전을 보장할 수 있기에 생명 유지와 관계없는 회사라도 적용만 한다면 영업해도 문제가 일어나지 않는다.

칩을 스캔하면 체온, 심박수, 혈압과 같은 정보를 알 수 있다. 근로자의 건강 상태를 기준으로 출입 허가 여부를 결정하기 위함이다. 마약이나 알코올 중독 가능성이 있는지도 살펴볼 수 있다.

내가 이런 장비의 사용에 찬성한다는 이야기가 아니다. 솔직히 언젠가는 일어날 일이라고 생각한다. 사람들은 안전과 행복을 위해서라면 권리와 자유를 기꺼이 포기한다. 상상뿐 아니라, 현실에서도 그렇다. 한 달 전이라면 불가능한 일이라고 단언했을 것이다. 그러나 팬데믹에서 내가 목격한 현실은 완전히 예상 밖이었다.

많은 분야에서 극명한 변화가 일어날 것이다. 교육, 보건, 오락,

여가, 교통, 사회 모임 정도를 예로 들 수 있겠다. 이번 전쟁이 질질 끌리는 한, 세상은 2020년 팬데믹을 기점으로 크게 변화할 것으로 보인다. 이미 많은 부분이 달라졌으며 이는 시작에 불과하다. 다음 팬데믹에 대비하기 위한 엄청난 변화의 바람이 곧 불어닥칠 것이다.

저자 정보

토마스 마라파리나는 공포 소설 7권과 공포 소설 단편집 6권을 쓴 작가다. 기묘한 한 컷 만화로만 이루어진 책도 1권 썼다. 모든 책은 선버리 출판사의 헬벤더 북스에서 출판했다.
웹사이트: www.ThomasMMalafarina.com

코로나바이러스감염증-19: 할머니의 시선으로 본 상황

○ 바바라 매슈스

코로나바이러스감염증-19는 그래 봐야 내 인생 그래프에 찍힌 하나의 점에 불과하다. 문제는 이 점이 '이례적'이라는 데 있다. 나는 이 단어가 정말 싫어졌다!

요즘 내 기분은 몹시 복잡하다. 원인은 여러분인 것 같다. 우리는 상황을 파악하고 평가할 때 보통 역사를 근거로 하는데, 이 과정에서 각자가 과거를 참고하는 방식도 영향을 끼친다. 이번 팬데믹에서 이러한 접근법을 활용하기란 거의 불가능에 가까워 보인다. 나는 앞날을 예측하기보다는 하루하루에 충실해지려 한다.

이해할 수 없는 것을 이해하려고 애쓰는 동안, 나는 지난 70년을 되짚어야 했다. 우리는 어쩌다가 여기까지 왔을까? 우리는 무엇을 배웠는가? 역사에서 지금의 위기를 해결할 방법을 찾을 수 있을까? 우리가 가치 있게 생각하는 것은 무엇인가? 가치의 우선순위를 정하려면 어떻게 해야 할까? 젊은 세대는 무엇을 의미 있게 생각할까?

역사의 영향

세대마다 고유의 특징이 있다. 성장 환경이 달랐기 때문이다. 대공황과 제2차 세계대전은 강한 의지와 인내가 특징인 '가장 위대한 세대'를 낳았다. 나는 평화와 번영의 시대에 태어난 베이비붐 세대다. 1950년대는 부모님이나 조부모님이 살았던 시대보다 단순했다고 말해도 과언이 아니라고 생각한다. 어른들은 우리가 더 많은 기회를 누리고 보다 나은 삶을 살기를 바랐다. 부모님은 작가이자 소아청소년과 의사 벤저민 스포크의 《유아와 육아》를 육아계의 성서로 취급했으며 이에 따라 우리를 키워냈다.

1960년대에 등장한 '반문화' 움직임 이면에는 스포크의 철학이 있지 않을까 한다. 스포크는 관대한 태도를 가지고 아이가 요구하는 것을 즉각 들어주어야 한다고 생각했다. 일부 사람들은 이러한 양육 방식 아래서 자라난 젊은이들이 '히피'에 물든 이유를 스포크 탓으로 돌리기도 했다. 히피 문화는 부모 세대의 보수적인 가치관과 정반대의 행보를 보여주었고 '세대 차이'를 만들어냈다. 이후 '섹스, 마약, 로큰롤'이 베이비붐 세대를 대표하는 단어로 떠오른다.

반문화 움직임은 케네디 대통령이 암살자의 손에 죽으면서 규모가 커졌고 미국 흑인의 시민권 운동과 여성 권리 운동으로 탄력을 받았다. 미국 정부가 베트남에 대대적으로 개입한 시점부터는 혁명 수준으로 기세에 불이 붙었다. 이후 마틴 루터 킹과 로버트 케네디 암살 사건을 계기로 더욱 세력을 키웠다. 내가 볼 때 히피 시대는 1970년 5월 4일 발생한 켄트주 총기사고와 함께 절정에 달했다. 나 역시 같은 대학에 다니던 학생이 죽고 다치는 모습을 보면서 변화했기 때문이다.

베이비붐 세대는 결혼해서 아이를 낳았다. 수많은 여성이 취직을 선택했다. 누군가의 아내나 어머니가 되는 것 이상으로 만족스러운 삶을 원했기 때문이다. 이혼율이 증가하면서 한부모 가정이 늘어났다. 엑스 세대 아이들은 학교를 마치는 시간에 부모가 집에 없는 일이 많았다. 따라서 집 열쇠를 가지고 다녔고 덕분에 '열쇠아동'이라는 별칭을 얻었다.

1970~1980년대는 높은 인플레이션율, 경기 둔화, 실업률 상승, 석유 파동, 세입 감소 등의 요소로 경제가 위축된 시기다. 실업률이 오르고 감세 정책과 낙수 효과 이론을 밀어붙이면서 국채가 늘어갔다.

그러나 1990년대에 월드 와이드 웹이 등장하면서 경제가 꾸준하게 성장하기 시작했으며 실업률이 떨어지고 인플레이션이 감소했다. 하지만 이를 기점으로 부가 소수에게 몰리는 현상이 일어났다. 해리스버그 부근 스리마일섬에서 원전 사고가 터지기는 했지만, 예전 세대만큼 많은 우여곡절을 겪으며 성장한 세대는 아니다.

엑스 세대, 성년이 되다

2001년 9월 11일에 벌어진 사건은 굳이 설명할 필요가 없다. 1941년 12월 7일과 비슷한 맥락에서 악몽 같은 날이다. 이후 몇 주, 몇 달, 몇 년에 걸쳐 일어난 다른 재앙과 더불어, 911 사건이 어떤 연쇄 효과를 일으켰는지 설명하겠다. 이 사건들은 내 인생관을 송두리째 뒤흔들어 놓았으며 미국인 대부분이 나와 비슷한 영향을 받았으리라 확신한다. 이 암울한 시절은 사회가 흔들리고 있다는 증상이 여럿 나타나면서 더욱 길어진다.

2001년 9월 18일, 미국에서 탄저균 테러 사건이 일어난다. 일부 뉴스 미디어 사무실과 두 명의 민주당 상원의원이 몇 주에 걸쳐 탄저균 포자를 담은 편지를 받았다. 5명이 죽고 17명이 병을 앓았다. 2002년 10월에는 3주 동안 이어진 총기 난사 사건이 터진다. 범인은 워싱턴 D.C, 버지니아, 메릴랜드에서 차를 주유하던 사람들을 총으로 쏘아 죽였다. 당시 큰딸이 메릴랜드 아나폴리스에 살고 있었으므로 남의 일이 아니었다.

딸이 결혼한 이래 나는 계속 손주를 기다리고 있었다. 하지만 미국에서의 삶은 너무나도 불안정하고 위태로웠다. 손주를 이런 세상에서 살게 하는 것이 맞는 결정인지 의심스러웠다. 당시 나는 무기력하고 체념에 가까운 사고를 하고 있었다.

그러다 문득 이런 생각이 들었다.

'내 자녀들도 내가 아이를 기르면서 느낀 성취감을 똑같이 누릴 권리가 있지 않을까?'

답은 너무나 분명했다. 이후 12년 동안 나는 9명의 손주를 품에 안을 수 있었다.

소문

50년 전, 내 가장 큰 꿈은 가족을 갖는 것이었다. 내가 아이였을 적 지녔던 순수함은 청소년이 되고 세상의 무게에 짓눌리면서 박살이 났다. 내 자식은 같은 일을 겪게 하고 싶지 않았다. 내가 결혼하고 아이를 낳을 때는 사정이 그리 좋지 않았고 역경이 계속 이어졌다.

그래도 어떻게든 인내심을 가지고 버텼다. 40년이 지난 지금, 나는 내가 목표를 이루었다는 사실에 큰 만족을 느낀다. 아이들은 나의 자랑이다. 모두 좋은 부모로 자라서 자신의 가족을 부양하고 있다. 나는 한동안 부모로서 최고로 보람찬 시간을 보내고 있다고 생각했다. 자식도 다 키워놓았으니 내가 길러낸 '수확물'이 안겨주는 행복을 누리기만 하면 되었기 때문이다. 손주도 자식 농사의 보상이었다.

그러나 최근 몇 년간 만족은 사라지고 그 자리를 불안이 채웠다. 늘 그래왔지만, 세상이 변하고 있다. 요즘은 기술이 발달하면서 변하는 속도가 매우 빨라졌다. 지금은 모두가 알고 있는 대로 극적인 체제 전환이 필요한 시대다. 그러나 나는 젊은 세대에게 다시 사회를 재건할 기반이 있을지 걱정스럽다. 기술이 강력한 도구라는 사실에 이견을 제기하는 사람은 없다. 하지만 기술은 우리의 약점을 더욱 드러낸 요소이기도 하다. 현대 사회는 정말 모래 위의 누각일까?

당연히 조부모 세대가 상황을 좌시할 리가 없다. 베이비붐 세대의 지혜와 경험은 손주 세대에게 큰 도움이 될 것이다. 그러나 탁 터놓고 말해 베이비붐 세대는 첨단 기술이 지배하는 세상에서 아이로 살아가는 인생이 어떤지 단 한 번도 경험하지 못했다. 판이 아예 바뀌었다는 말이다.

당연히 나도 내가 쓸모가 있다는 사실을 증명하고 의미 있는 기여를 하고 싶다. 엑스 세대가 부모 세대와 자식 세대 모두의 세상을 어느 정도 이해하는 반면, 나를 포함한 베이비붐 세대는 그렇지 않다. 베이비붐 세대 초기에 태어난 나는 국가가 인정한 노인이다. 베이비 '부머'의 의미가 변했다는 사실도 최근에 알아차렸다.

요즘 십 대들은 한때 섹스, 마약, 로큰롤을 좋아하는 반항적인 젊은이를 뜻했던 이 단어를 '시대에 뒤떨어진 꼰대'라는 의미로 사용한다. 우리 부모님은 '가장 위대한 세대'지만 나는 꼰대라니! 씁쓸한 현실이다.

갑자기 닥친 현실: 코로나바이러스감염증-19 위기

코로나바이러스감염증-19가 유행하기 전부터 손주 세대의 미래는 염려투성이었다. 지구온난화, 총기 사고, 사회 불평등, 부족한 의료 서비스 따위를 예로 들 수 있겠다. 1990년대 이후, 미국 정부는 '절이 싫으면 중이 떠나라' 식의 운영으로 입법 기능이 거의 마비 상태에 이르면서 행정 구조가 날이 갈수록 기형적으로 변했다.

더 심각한 부분은 따로 있다. 미국의 정치 양극화 수준은 유례가 없을 정도이며 덕분에 어느 쪽이 정권을 잡든 인구 절반이 자신들의 권리를 박탈당했다고 느낀다. 나라는 솔밭처럼 갈라지고 우리는 바다 건너의 적에게 약점을 그대로 내보인다. 민주주의는 바람 앞의 등불이다.

코로나바이러스감염증-19는 세계의 화약통에 불을 붙인 불씨다. 종말이 온 듯한 느낌이 든다. 이제 지구 종말 이후의 미국을 그리는 일은 어렵지 않다. 코맥 매카시가 쓴 《로드》를 떠올리면 된다. 전기가 끊기고 물과 인간성이 희박한 세상이다. 사람들은 살아남을 수 있다면 무슨 일이든 할 것이다.

코로나바이러스감염증-19가 다가오는 상황 속에서, 나는 자식

세대가 새로운 역할을 맡았다는 사실을 알아차렸다.

"우리도 사회적 거리 두기를 해야 하지 않을까요?"

막내딸이 물었다. 노인이 바이러스에 특히 취약한 탓에 내가 감염되지는 않을까 걱정되는 모양이다. 내가 잘못된다고 해도 딸이 내 죽음에 책임감을 느끼지 않았으면 좋겠다. 우리 자식들은 자청해서 '책임의 세대'가 되었다.

딸의 말을 듣고 처음 떠오른 생각은 '내가 코로나바이러스감염증-19에 걸려 죽으면, 아이들과 손주가 손을 잡아줄 수 없겠구나'였다. 우울하게 들릴지도 모른다. 하지만 어딘가에서는 매일 일어나는 일이다.

나는 걱정거리가 많은 사람이다. 특히, 손주(손주 세대와 이후 세대까지)가 자랐을 때 좋은 세상을 만들 기회를 얻을 수 있을지가 가장 걱정스럽다. 나머지는 그다음이다.

낙관론을 찾아서

엑스 세대가 상황에 적절하게 대처하고 있다는 사실에 감사한다. 유능하고 절제하며 지략이 뛰어난 세대를 길러냈다는 사실에 자부심을 느낀다. 베이비붐 세대는 자녀가 열쇠 아동 소리를 들을 때까지 방치한 행동이 안 좋은 결과를 초래하지는 않을지 두려워했다. 하지만 우려와는 반대로 엑스 세대 아이들은 자신이 어른의 도움을 거의 받지 못한다는 사실을 알아차리고 혼자 힘으로 문제를 해결하는 요령을 익혀나갔다.

새천년 이후, 엑스 세대는 지금까지 참혹한 사건과 전염병을 경험했다. 역경을 타파할 때마다 특유의 문제 해결력은 계속 발전했다. 엑스 세대는 조부모 세대처럼 회복탄력성이 강하고 인내심이 뛰어나다. 군소리 없이 묵묵하게 닥친 상황을 극복해 나간다는 이야기다.

또한 도움을 받지 않아도 무난하게 자급자족하며 책임을 지는 데 망설임이 없다. 어떻게 해야 권태와 고독에 빠지는 대신 즐겁게 시간을 보내고 한 번에 여러 가지 일을 동시에 처리할 수 있는지 잘 안다. 높은 공감 능력을 활용해 다른 사람의 불안을 가라앉히는 데 능하며 규칙을 어기지 않는다. 기술이 없던 시대를 경험했기에 두려움을 극복하고 책임을 나누기 위해 적응하고 합의하는 일에도 익숙하다.

나의 엑스 세대 자녀들이 이번 주에 창의적으로 적응한 방법:
▶ 줌으로 가족 모임 주최
▶ 페이스타임으로 스캐터고리즈 즐기기
▶ 페이스타임으로 할머니 말씀 듣기

많은 미국인에게 코로나바이러스감염증-19가 불러온 재앙의 규모는 예전에 있었던 위기를 떠오르게 한다. 사회에 장기적인 영향을 미친 사건들 말이다. 우리는 '할 수 있다'라는 마음가짐을 가진 미국인이다. 다 함께 이겨내자. 이것 또한 지나가리라. 우리는 답을 찾을 것이다.

내가 느낀 바로는, 차갑고 매정한 현실에 흔들리기보다는 앞에 놓인 현실을 직시하는 편이 낫다. 그렇지만 긍정적인 부분을 찾아보고 인정하는 일에 소홀해서는 안 된다. 내 일상을 관찰한 결과는 다음과 같다.

1. 가족과 소통한다.
    ▶ 청소년스포츠클럽 활동이 중단되면서 가족과 함께 보내는 시간이 많아졌다.
    ▶ 거리가 멀어도 페이스타임으로 얼굴을 본다.
    ▶ 산책하거나 자전거를 타면서 즐겁게 지낸다.
2. 이웃과 돈독해졌다.
    ▶ 거리를 두기는 하지만, 야외에서 잡담을 나눈다.
    ▶ 이타심이 강해졌다. 주변 사람을 더 챙기게 되었다.
3. 미루는 버릇을 고쳤다.
    ▶ 청소하고 필요 없는 물건을 버린다.
    ▶ 현실을 애써 피하지 않는다. 만일의 사태를 대비한다.
4. 효율성이 높아졌다. 온라인으로 쇼핑한다.
5. 집에서 즐길 수 있는 여가 활동을 찾고 공유한다.

이는 시작에 불과하다. 미국인으로서의 도덕규범을 무너뜨리지 않고 앞으로 나아가기 위해서는 다음과 같은 자세가 필요하다.

1. 위기를 파악하고, 재고하고, 이겨낸다.
2. 미국의 핵심 가치를 마음에 새기면서 하나 되어 맞선다.
3. 더 나은 우리 자신을 재발견하기 위해 공동의 목표를 세운다.

코로나바이러스감염증-19: 변화의 쪽매인가?

저명한 사실이 하나 있다. 팬데믹은 엄청난 고통과 괴로움을 몰고 올 것이다. 따라서 우리는 이제 현상을 좌시할 수 없다. 코로나바이러스감염증-19가 창궐하며 세상이 마비되는 모습을 보고 싶지 않다면 말이다. 우리가 아는 사회가 변하는 것은 시간문제다. 위기는 변화의 계기이지만, 경직은 비극으로 가는 길일뿐이다. 사람마다 우선순위가 다르겠으나, 나는 예전부터 다음 사실에 대해 고찰했다.

우리는 국제 사회에 살고 있다. 같은 행성에 거주하기에 주변국과 교류를 끊거나 우리나라만 생각해서 이기적으로 행동할 수 없다는 말이다. 기후 변화나 바이러스 팬데믹과 같은 세계적인 문제에 맞설 때는 동맹과 적을 가리지 않고 다자외교를 통해 반드시 협력해야 한다.

코로나바이러스감염증-19의 충격파는 변화의 속도를 높이고 건설적인 대화를 나눌 분위기를 만들고 있다. 도덕을 따르고 성과를 생각하는 지도자는 권력을 얻기 위해서는 대중의 지지가 필요하며 다수의 신뢰를 얻으려면 진실을 말해야 한다는 사실을 잘 알고 있다.

국내의 양극화 현상을 극복해야 한다. 오늘날의 정부는 모두를 위한 백악관이 아니다. 서로의 차이를 지적하는 대신 공동의 적에 맞서야 할 때다. 그래야 우리는 하나라는 핵심 가치에 집중할 수 있다.

미국은 민주주의 국가다. 우리가 특별한 이유다. 하지만 우리는 개인의 자유를 위험할 정도로 잃어버렸다. 자신의 편협하고 이기적인 목적을 이루기 위해 우리의 민주 가치를 빼앗으려는 사람은 부끄러운 줄 알아야 한다. 현재의 위기를 필요 이상으로 위험하게 만드는 행동이다.

투표자 억압은 코로나바이러스감염증-19를 계기로 미국에서 완전히 뿌리 뽑을 수 있는 문제다. 선거 관리원들은 팬데믹 동안 안전하게 투표할 수 있는 새로운 방법을 채택했다. 앞으로도 사람들이 쉽게 투표할 수 있게끔 선택지를 늘릴 것이다. 투표율이 높아지면 선거권을 행사하지 못하는 사람의 수가 줄어든다. 미국 내 정당 경쟁의 양상을 바꿀 부분이다.

사회 정책이 우선시되고 있다. 코로나바이러스감염증-19 관련 정책 부상에 따른 결과다. 소수 집단이 불공평한 처우를 받는다는 인식이 늘어나면서, 공중 보건과 교육 서비스 관련 정책의 수요가 많이 늘어났다. 돈을 숭배하는 대신 사람들의 행복을 위해 소비하라. 돈이 전부는 아니다. 코로나바이러스감염증-19는 기울어진 저울의 균형을 맞추는 추다. 삶에서 소소한 즐거움을 찾는 법을 다시 배우고 물질과 행복은 관련이 없다는 사실을 되새겨줄 것이다.

전문지식의 중요성이 대두한다. 코로나바이러스감염증-19가 한바탕 휩쓸고 지나가면 미국인들은 다시 한번 우리의 핵심 가치를 떠올릴 것이다. 과학, 보안, 정부 전문가에 대한 존중 말이다.

그리고 관련 기관이 존재하는 이유가 민주주의의 기능을 돕고 위기에 대처하기 위함이라는 사실을 깨달으리라.

기술을 파괴가 아닌 진보를 위해 사용한다. 온라인 통신은 가족과 친구를 이어주는 역할도 하지만, 의미 있는 의사소통을 줄이고 관계를 위태롭게 한다. 그러나 기술이 있기에 코로나바이러스감염증-19가 유행하는 동안 아이를 교육하고 직원에게 재택근무를 허용할 수 있었다. 또한 오랜 시간 동안 구축한 구식 체제를 혁신하려면 저항이 있기 마련인데 팬데믹으로 인한 변화는 다음 체제로 무난하게 넘어가는 계기로 작용할 것으로 보인다. 이러한 기술의 융통성은 교육비를 아끼고 쉽게 가족을 부양하며 출퇴근에 드는 시간과 자원을 아끼는 효과가 있다.

상상하라

세대는 문화다. 세대가 달라지면 문화가 변한다. 베이비붐 세대는 피 끓는 이상주의를 품고 기존의 권력층에 의문을 제기하며 세계에 영향을 미쳤다. 어른이라는 무거운 책임을 짊어진 뒤로는 직장에서의 성취에 집중했다. 베이비붐 세대의 활동과 지금 미국의 마비 상태가 대체 무슨 상관이 있느냐고 궁금해 할지도 모르겠다. 콕 집어서 말하기는 어렵다. 내가 확실하게 대답할 수 있는 부분은, 우리가 난장판을 만들었고 자녀 세대가 뒤치다꺼리했으며 언젠가 손주 세대가 총대를 메고 상황을 타개할 때라는 사실이다.

밀레니엄 세대와 제트 세대가 어떤 행보를 보여줄지는 아직 미지수다. 이들의 특징에 관하여 많은 추측이 난무하고 있다. 하지만 잠재력을 점치기에는 시기가 너무 이르다고 생각한다. 밀레니엄 세대와 제트 세대는 미국 인구의 거의 절반을 차지하브로 정치에 막강한 영향력을 행사할 수 있다. 섹스, 담배, 음주, 운전과 같은 '어른의' 행동을 늦게 접한 세대지만 대부분 유익한 결과로 이어졌다.

둘 다 디지털 시대에서 성장한 덕에 기술 활용에 능하다는 점도 주목할 만하다. 이러한 특징은 제트 세대에게서 유독 두드러진다. 신세대는 집중력이 떨어지고 집중 시간도 짧아서 정보의 과부하에 취약하다. 반대로 말하면 멀티태스킹에 강하다는 뜻이기도 하다.

밀레니엄 세대와 제트 세대는 정보를 쉽게 구할 수 있는 환경에 사는 관계로 정보에 집착한다. 구세대보다 교육과 취직 기회가 평등하다. 소셜 미디어로 감정과 경험을 공유하고 다른 사람과 '가상의' 관계를 맺는 데 많은 시간을 보내며 온 세상의 사람들을 알아가는 일에 집착한다. 따라서 구세대보다 평등과 다양성을 존중하는 경향이 있다.

바이러스가 만들어 낸 문제들을 바이러스 탓으로만 돌리는 일은 옳지 않다. 이미 갈아둔 비옥한 땅에 편하게 뿌리를 내렸을 뿐이다. 팬데믹에서 살아남은 뒤에 더 좋은 세상을 만들고 싶다면 이번 재앙이 우리에게 정당 다툼, 사회 불평등, 탐욕이 낳은 잘못을 바로잡을 기회를 주었다고 생각해야 한다.

하루아침에 수습할 일은 아니다. 따라서 나는 십 대인 손주에게 때가 왔을 때 우리 세대의 과오를 고칠 수 있도록 준비하라고 계속 상기하고 있다. 세대교체를 기다리는 동안, 베이비붐 세대와 엑스 세대는 우리가 결함으로 간주하는 신세대의 특징을 눈여겨보고 이러한 특징이 뜻밖의 장점일 수도 있다는 가능성을 고려해야 한다.

밀레니엄 세대와 제트 세대는 개방성이 강하고 다양성의 가치를 높게 평가하면서도 자신을 객관적으로 돌아보는 능력이 있다. 발전하려면 이러한 시각이 필요하다. 젊은이의 잠재력을 당연하게 여기면 안 된다. 신세대는 미래 그 자체이기 때문이다.

┌ ─ ─ ─ ─ ─ ─ ┐
│ 저자 정보 │
└ ─ ─ ─ ─ ─ ─ ┘ ─

바바라 매슈스는 사회 교육과 사회 복지 분야 경력이 있다. 도핀 카운티의 지역 노인 복지 시설에서 간호인으로 활동한 경험과 아픈 시어머니를 보살피는 동안 받은 영감을 살려서 《What to Do about Mama?》와 《Expectations and Realities of Caregiving》을 출판했다.

회고록과 가족 요리책도 썼는데 마찬가지로 간호 경험이 집필 과정에서 도움이 되었다. 바바라는 본 책의 공저자로 참여할 수 있어 기쁘게 생각하고 있다. 원고를 쓰는 일이 착잡한 세상을 살아가는 데 도움이 되었기 때문이다.

멀어진 꿈

○ 브리지트 스미스

　우리 가족 6명은 힘든 시간을 함께 버티고 있다. 다른 가족과 마찬가지로, 경제적 어려움과 혼란스러운 생활에서 오는 스트레스가 제일 괴롭다. 우리 부부도 평범한 부모처럼 아이들을 훈련장, 야구 경기, 체조 경기, 치어리딩 대회에 데리고 다니느라 진땀을 뺐다. 늦은 밤에도 운전하다가 휴게소에서 볼일을 보게 하고 패스트푸드점에서 간식을 먹였으며 SUV 세 번째 줄에서 재웠다. 시간이 지나 십 대가 된 뒤에는 서로 자기가 듣고 싶은 음악을 틀겠다고 차에서 싸우기도 했다.

　우리는 오랫동안 백미러 너머로 아이들이 커가는 모습을 지켜보았다. 아이를 위해서라면 돈이 얼마나 들든 얼마나 힘들든 신경 쓰지 않았다. 타협은 없다. 우리가 원하는 것은 아이들이 꿈을 이루는 일이다. 대학 야구팀에서 경기를 펼치고 대학 치어리더팀에 들어가고 치과 대학을 졸업하는 모습을 보고 싶다는 이야기다.

　지금 상황은 전부 내 예상 밖이다. 오랫동안 노력한 꿈이 이렇게 갑자기 멀어질 줄은 몰랐다. 야구팀에서 방출당했다거나 치어리딩팀 선발전에서 떨어졌다면 그럴 수도 있다고 생각했을 것이다. 하지만 모두 보이지 않는 바이러스 때문에 벌어진 일이었다.

우리처럼 고등학교를 졸업하거나 대학교에 입학하는 일에 집중하던 가족이라면, 아마 유례없는 팬데믹으로 엄청난 피해를 보았으리라 생각한다. 벽돌로 머리를 맞은 기분이다.

대부분은 초기의 공황 상태를 대수롭지 않게 생각했다. 적어도 우리 가족은 그랬다. 단순한 해프닝이라고 생각했다. 도저히 지금까지 했던 모든 것이 중단될 것이라고는 상상할 수 없었다. 이러한 생각을 비웃기라도 하듯, 우려가 현실이 되었다.

일의 성패를 가르는 핵심은 시기라는 말이 있다. 우리와 비슷한 처지의 많은 가족에게 이 한 문장보다 현실을 대변하는 말은 없다. 미시시피대학교 치의학과 3학년으로 재학 중인 큰딸은 드디어 대부분 수업을 현장에서 보내고 있었다. 지역 전문대학 야구팀의 구원투수인 막내아들은 시즌 첫 콘퍼런스 경기를 3일 앞둔 상태였다. 고등학교 3학년 막내딸은 봄방학과 마지막 미시시피대학교 치어리더팀 선발전을 준비 중이었다. 계획에는 한 치의 오차도 없었다. 하지만 "일을 꾸미는 것은 사람이나 이루는 것은 하늘이다"라는 말이 현실이 되었다.

상황의 심각성을 알아차렸을 때는 혼이 반쯤 나간 아들의 전화를 받고 나서였다.

"야구 경기가 취소되었대요. 이번 시즌은 포기해야 할 것 같아요."

아들이 말을 이었다.

"모두 집으로 가고 있어요."

"그럴 리가."

나는 어머니로서 최대한 위로를 하고 싶었다.

"혹시 모르니 조심하는 것 같구나. 몇 주만 기다리면 다시 복귀할 수 있겠지. 조금만 기다려보자."

다들 알고 있듯이 상황은 더 나빠졌다. 일주일이 지나자, 모든 학교에서 스포츠팀 활동을 중단했다. 심지어 MLB도 집중 춘계 훈련을 단축하고 시즌 시작 일을 연기했다. 핵심은 수천 명의 고등학교 3학년 학생과 지역 전문대학 야구 선수가 첫 번째 콘퍼런스 게임에서 기량을 뽐내고 1부 리그 스카우트들의 눈을 사로잡을 만반의 준비가 되어 있었다는 점이다.

이번 기회가 마지막인 사람도 많았다. 남은 학기를 원격 수업으로 대체한다는 소식을 들었을 때, 우리는 모두 끝났다는 사실을 알았다. 적어도 당장은 말이다. 프리시즌 경기가 당분간 마지막 야구가 될 것이다.

야구 선수인 아들만 좌절에 빠진 것은 아니었다. 고등학교 3학년 딸도 마찬가지였다. 학교에서 처음 휴교령을 내렸을 때, 모든 고등학교 3학년생은 같은 반응이었다. 봄방학이 끝나지 않네! 전생에 나라를 구했나! 하지만 학기 첫 주가 지날 때까지 상황이 달라지지 않았으며 졸업 무도회를 취소하고 축하 파티를 연기한 끝에, 졸업식까지 생략했다. 학교 측에서 재학생을 위해 내린 결정이었다. 911테러가 벌어진 해에 태어난 학생들은 졸업식도, 사진 촬영도, 학사모도, 가운도 없다.

이번 고등학교 3학년이 운이 없었다는 표현은 다소 절제된 느낌이 있다. 나는 9월 11일의 대참사로 혼란스러운 시기에 태어난

딸에게 지원을 아끼지 않으려 애썼다. 결국 딸과 전국의 친구들이 하필 지금처럼 불확실한 시기에 인생의 다음 단계로 넘어가게 되었다는 사실이 너무도 괴롭다. 며칠 만에 지금까지 알던 삶이 완전히 뒤바뀌고 사회적 고립 속에서 코로나바이러스감염증-19 관련 소식만 듣고 사는 일상은 이들이 감당하기에 너무나 벅차다.

많은 시간을 소셜 미디어를 하면서 보내며 기술에 익숙한 세대라도 마찬가지다. 스냅챗과 인스타그램으로 사회와 교류하는 것은 별개의 문제다. 선택지가 있고 없고는 다르다는 말이다.

격리 생활이 무섭고 혼란스럽기는 하지만, 딸은 오빠와 언니가 그랬던 것처럼 앞으로 보낼 대학 생활이 무척 재미있으리라는 희망을 품고 있다. 우리가 할 수 있는 일은 기도밖에 없다. 딸의 꿈이 현실이 되기를 바라고 이번 팬데믹을 통해 젊은이들이 삶의 귀중함과 개인 자유의 중요성을 이해하는 새로운 관점을 얻기를 바란다.

미국인은 지금 새로운 난관에 봉착했다. 911사태 이후 몇 달간의 상황과 비슷하다. 변하는 세상에 빠르게 적응해야 한다. 2020년에 고등학교를 졸업한 학생들도 마찬가지다. 지금까지 많은 문제를 해결했듯이, 이번 문제도 슬기롭게 이겨낼 것이다.

힘든 시기에는 종종 큰 선물이 찾아오는 법이다. 마지막 정식 경기 혹은 야구 시즌이 시작되기 전에 짐을 싸서 집으로 돌아가야 했던 대학생들, 마지막 학교생활을 허무하게 보낸 고등학교 3학년들, 불확실한 현실 때문에 학위를 위해 졸업을 미룬 대학생들이 돌아간 집에는 예상하지 못한 선물이 있었다. 바로 가족과 함께 하는 시간이었다. 함께 맛있는 음식을 즐기며 같이 웃거나 소파에 누워 넷플릭스를 보고 간식을 먹는 나날을 누릴 수 있었다는 말이다. 우리가 사랑하는 사람을 더 잘 알게 되는 기회이기도 했다. 위기 속에서 아이들은 연민을 배웠으며 가족은 강해졌고 공동체는 유례없을 정도로 단단하게 뭉쳤다.

사회적 거리 두기 캠페인이 유행하고 있다. 우리 역시 친구와 친척과 떨어져 보내야 한다. 그럼에도 불구하고 미국의 많은 가정은 팬데믹 동안 축복과도 같은 유대 관계를 형성할 수 있었다.

큰딸은 4학년으로 진급해 치과대학 졸업반을 시작한다. 물론 교과 과정은 온라인 원격 수업으로 진행한다. 막내아들은 대학교 2학년을 마치고 한 단계 위의 리그로 올라간다. 막내딸은 우편으로 고등학교 졸업장을 받는다. 그럴듯한 축하 행사 하나 없지만, 모두 환경에 굴하지 않고 이루어낸 성취라는 의미가 있다.

어쩌면 이러한 태도가 이번 위기를 계기로 얻을 수 있는 자산일지도 모른다. 장애물을 극복하는 데서 느끼는 희망과 날카로운 정신력 말이다. 한계를 인정하되, 절대 포기하지 말 것. 지금 상황에서 미국의 가족이 느껴야 하는 교훈이라고 생각한다. 복은 정말 뜻밖의 형태로 찾아오는 법이다.

저자 정보

브리지트 스미스는 영어 교육학 석사이자 《Where Elephants Fought》라는 역사 소설을 쓴 작가다. 테네시 컬럼비아에서 태어났다. 남편과 네 아이와 함께 독특한 매력이 있는 미시시피의 한 마을에서 살고 있다. 20년 넘게 영어를 가르쳤다.

코로나바이러스감염증-19:
기울어진 저울을 맞출 위대한 추

아이리스 도비안

모두가 격리된 팬데믹의 어느 새벽, 1980년을 풍미했던 한 팝스타가 전례 없는 공중보건 위기 앞에 모두가 평등하다는 자신의 철학을 감상에 빠진 어조로 털어놓는 동영상을 올렸다. 마돈나는 마치 현대의 마리 앙투아네트처럼 장미 꽃잎을 띄운 거품 욕조에 나른하게 앉아 있었다. 인스타그램과 트위터 계정에 게시한 동영상 속의 마돈나는 이렇게 말했다.

"코로나바이러스감염증-19는 여러분의 재력, 명성, 재치, 지능, 거주지, 나이, 입담이 어떤지 신경 쓰지 않아요. 모든 사람은 코로나바이러스감염증-19 앞에 평등합니다. 끔찍하면서도 위대한 부분이죠."

재미있는 부분이 하나 있다. 터무니없는 각도로 위에서 아래를 내려다보는 카메라, 불길한 피아노 반주, 술이나 약에 취한 듯한 마돈나의 모습을 제외하면, 말 자체는 설득력이 있다는 점이다.

병이 다 그렇듯, 코로나바이러스감염증-19는 사람을 차별하지 않는다. 명성, 재산, 영향력이 어떻든 전부 공격한다. 계급, 권력, 특권 따위의 개념을 이해하지 못한다. 모든 사람이 똑같이 위험하다. 지갑은 여러분에게 기적 같은 면역력을 부여하거나 병을 고쳐줄 수 없다. 코로나바이러스감염증-19 사태는 팬데믹계의 볼셰비키(다수파라는 뜻으로, 1903년에 제2회 러시아 사회 민주 노동당 대회에서 레닌을 지지한 급진파를 이르던 말)다.

묘하게 비뚤어진 논조이기는 했지만, 마돈나가 욕조에서 두서없이 뱉은 말은 대략 이런 의미다. 모두가 같은 처지라는 사실을 생각하면 묘하게 안심되는 구석도 있다. 코로나바이러스감염증-19는 공포와 광기의 도가니 속에서 우리를 뭉치게 했다. 하루도 빠지지 않고 질병관리본부의 캠페인에 따라 코로나바이러스감염증-19에 맞서는 의식을 거행했다. 손을 자주 씻고 사회적 거리두기를 실천하며 손으로 얼굴을 만지지 말고 집에 머무르라는 등의 충고를 충실하게 따랐다는 말이다.

스티븐 콜베어 같은 사람이 진행하는 심야 텔레비전 프로그램에서 격리된 유명인이 줌으로 인터뷰를 하는 모습을 보며 다들 전부 같은 처지라는 생각이 커졌고 유산층과 무산층 그리고 중산층(아마 대부분 이 계층에 속하리라)의 차이는 더욱 모호해졌다.

이번 위기는 마치 거울과도 같아서 우리의 진정한 자아를 찾고 각성하는 계기로 작용했다. 사람이 무엇으로 사는지, 사회의 음지에서 활약하는 진정한 영웅이 누구인지를 드러냈기 때문이다(카다시안 가족, 유명 영화배우, 해리 왕자와 메건이 아니다). 바로 팬데믹 전에는 일상에서 당연하게 생각했던 이들이었다. 의료계 종사자, 식료품 가게 직원, 약사, 집배원, 지하철 안내원 말이다. 전부 사회의 최전선에서 목숨을 걸고 일한 사람들이다. 많은 사람이 제 역할을 못 하는 와중에도 사회가 돌아갈 수 있도록 책임지고 노력한 영웅이다.

어쩌면 코로나바이러스감염증-19가 남긴 위대한 유산은 이러한 필수 인력을 새로운 시각으로 바라보고 연예인을 전처럼 광적으로 숭배하지 않는 태도일지도 모른다. 요즘 사람들은 연예인이라면 사족을 못 쓴다는 사실을 생각하면서 잠깐 다음의 사람들을 떠올려보라.

의사와 간호사는 산소 호흡기는 물론이고 감염자를 눕힐 병상조차 부족한 병원에서 탈진할 때까지 일한다. 시민들은 캠페인을 열고 마스크와 보호구를 모아서 장비 부족에 허덕이는 병원에 기부한다. 젊은이들은 바이러스에 취약한 노약자를 대신해서 식료품을 구매하고 배달하겠다고 나섰다. 봉쇄령 동안 어쩔 수 없이 문을 닫은 식당 주인은 끝도 없이 밀려오는 환자를 돌보느라 끼니도 제때 챙기지 못하는 의료계 종사자를 위해 무료 음식을 제공한다! 전부 용기, 이타심, 자선이 필요한 행동이다.

이제 데이비드 게펜 같은 비도덕적이고 이기적인 억만장자의 행보를 생각해보자. 게펜은 물자를 바리바리 싸 들고 호화 요트를 몰고 나가 카리브해 한복판을 떠다니면서 팬데믹을 피해 격리 중이라고 인스타그램으로 근황을 공개한 사람이다(자랑한다고 보는 편이 맞을까?). 77살의 늙은 부자는 황제 부럽지 않은 자가 격리 장소이자 크기가 138미터에 이르는 요트 라이징선호 사진과 함께 이런 글을 남겼다.

"그레나딘 제도에서 바이러스를 피해 격리하고 있습니다. 모두가 안전하기를 바라요."

국내에서는 사망자와 감염자 수가 급증하면서 매일 지옥도가 펼쳐지는데, 이 모든 사태를 바다 건너 불구경으로 방관하려면 얼굴 가죽이 꽤 두꺼워야 한다고 생각한다. 당연히 분노한 사람들이 비난을 퍼부었고 게펜은 계정을 비공개로 바꾸었다가 삭제했다.

재산을 이용해 한정된 자원을 독차지하려는 특권층은 게펜뿐만이 아니다. 코로나바이러스감염증-19 진단키트가 부족했던 초기 상황에서 유명인사와 소위 VIP로 불리는 사람들이 어떤 식으로 검사를 받을 수 있었는지 떠올려보자. 그동안 발열을 비롯한 의심 증상이 나타나는 환자 대부분은 지역 전문대학교의 임시 검사실로 먼 길을 떠나는 일 외에는 선택지가 없었다. 줄을 지어 늘어선 차 안에서 몇 시간씩 기다리며 오늘은 제발 검사를 받을 수 있기를 기도할 뿐이었다는 말이다.

유명인이라고 해서 전부 게펜 같은 얼간이는 아니었다. 자신의 지위, 재산, 자원을 활용해 많은 사람을 도운 이들도 있다. 전설의 디자이너, 랄프 로렌은 코로나바이러스감염증-19와 맞서는 일에 약 120억 4000만 원을 쾌척했다. 리얼리티쇼에 출연해 이름을 날린 연예인이자 스키니걸이라는 회사의 창립자 베서니 프랭클린은 자신이 설립한 자선 단체, 비스트롱을 통해 의료계 종사자에게 수십만 개의 마스크, 코로나바이러스감염증-19 진단 키트, 손 소독제, 수분 섭취 키트, 장갑을 꾸준히 지원했다. 뉴잉글랜드 패트리어츠의 구단주 로버트 크래프트는 중국에서 마스크 120만 개를 실어다가 미국 의료진에게 전달했다.

다행히도 자선 행위에 동참한 사람은 수십 명도 더 있다. 물론 냉소적인 사람이라면 이러한 자신 활동이 위신이며 이전에 있었던 불미스러운 사건으로 더럽혀진 명성을 되찾기 위한 행동이라고 깎아내릴지도 모르겠다. 동기가 무엇인지가 정말 그렇게 중요한 문제일까? 핵심은 선행했다는 사실이며 우리는 이번 위기가 지나간 이후에도 이들의 관대한 행동을 기억해야 할 것이다.

2020년 4월 3일 뉴욕 주지사 앤드루 쿠오모는 트위터에 이런 글을 올렸다.

"저는 미국이 결국 하나로 뭉칠 것이라고 믿습니다. 사람들을 살리려면 다른 방법이 없기 때문입니다."

위대한 물리학자이자 노벨상 수상자 알베르트 아인슈타인의 말도 기억하자.

"사람은 역경 속에서 자신을 발견한다."

어쩌면 내가 지나친 낙관주의자일지 모른다. 하지만 나는 주지사와 아인슈타인의 말에 동의한다. 이번 팬데믹에서 누가 자신의 역할을 했고 누가 의무를 저버렸는지 절대 잊으면 안 된다. 적어도, 나는 그렇게 생각한다.

┌ 저자 정보 ┐

아이리스 도비안은 〈포브스〉, 〈월스트리트저널〉, 〈크레인스 뉴욕 비즈니스〉, 〈플레이빌〉, 〈백스테이지〉, HBO의 〈Inspiration Room〉에서 기사와 에세이를 쓰는 전문 저널리스트. 선버리 출판사의 계열사 밀퍼드 하우스 출판사가 2019년 6월 출판한 《Sentenced to Shakespeare》를 쓴 작가이기도 하다.

홀로 싸우다: 코로나바이러스감염증-19와 한부모 가족

○ H.A. 칼럼

코로나바이러스감염증-19 위기는 거의 모든 사람이 예상하지 못한 자가 격리 시대를 열었다. 우리는 현대의 편리한 생활방식을 잃고 집에 갇힌 피난민 신세로 전락했다. 기술이 발달하면서 경제와 사회에 대한 접근성이 좋아졌기는 하나, 많은 사람이 고립감을 느끼고 있다.

대부분 상황이 비슷하겠지만, 고립으로 인한 경제적 피해가 유난히 크고 상당히 위험한 상황에 놓인 집단도 존재한다. 팬데믹 관련 뉴스에 잘 등장하지 않는 분류를 하나만 언급하자면, 한부모 가정을 예로 들 수 있겠다.

올해 초, 비참한 사건을 몇 차례 겪으면서 나와 내 딸은 미국의 한부모 가족이 되었다. 미국 인구조사국에 따르면, 2016년 기준으로 미국의 한부모 가족은 1100만 가구다. 한부모 가족이 생기는 이유로는 사별, 이혼, 양육 포기 따위가 있다. 제일 참혹한 원인은 가정 폭력이다. 미국 내 한부모 가족이 증가하는 현상은 미국의 가정을 위협하는 요소이며 정치인이나 종교계 지도자들이 가식적으로 들먹거리는 가족의 가치에 반대되는 움직임이다.

코로나바이러스감염증-19 위기는 평소 당연하게 여기던 문명의 이기가 사라질 때 삶의 질이 얼마나 급격하게 떨어질 수 있는지 보여주었다. 어떤 가정이라도 팬데믹을 버티는 동안 재정과 정서가 메마를 위험이 있다. 경제 활동을 하는 한부모 가정의 가장은 엄청난 압박에 시달린다. 유치원이 문을 닫고 급식을 주던 학교가 휴교하는 상황이지만 지출을 감당하지 못하면 가족 전체가 길거리에 나앉을 수 있기 때문이다.

위기를 틈타 기승을 부리는 범죄 때문에 많은 한부모 가정이 신변 문제까지 생각해야 한다. 게다가 팬데믹을 기점으로 일상까지 변해버렸다. 한부모 가정의 부담은 맨정신으로 버티기 불가능한 수준이다.

많은 사람에게 사회적 거리 두기는 단지 귀찮은 조치에 지나지 않는다. 식료품 가게에 가려면 줄을 길게 서야 하고 편하게 식당에서 밥을 먹는 대신 음식을 포장해서 가야하기 때문이다. 문화 공간도 대부분 문을 닫았다. 그래도 웬만하면 현대 생활의 편리함을 누리는 데 별 지장이 없다.

일부에게 팬데믹은 일종의 강제 휴가다. 팬데믹 때문에 수입이 감소하지 않은 미국인도 많다. 이런 사람들은 재정에 큰 문제가 없으며 선반에 음식이 풍족하게 쌓여 있다. 그저 '필요할 때(가끔)' 가게에 들러 물건을 담아오기만 하면 된다. 통근비나 유치원비 따위가 나가지 않으므로 오히려 팬데믹 전보다 지출이 줄어든 가정도 있다.

하지만 한부모 가족은 이런 장점을 누리지 못한다. 우리는 아이와 함께 집 밖으로 나갈 수 없다. 필요한 물건을 구매할 때 아이를 데려갔다가 병에 걸리지는 않을까 두렵기 때문이다. 한부모 가족은 물건을 사는 시간은 제한되어 있으며 아예 기회가 나지 않을 때도 많다. 그나마 겨를이 생길 때는 외출하기 불편한 시간일 때가 많으며 막상 가도 빈 선반만 구경하다가 돌아올 가능성이 높다.

나는 어쩔 수 없이 볼일을 보러 나갔다가 감염자 신세가 될지 모른다는 생각에 두렵다. 내가 병에 걸리면, 누가 아이들을 돌볼 것인가? 누가 우리 가족의 생계를 책임질 것인가? 집에서 일하면서도 딸들을 보살필 수 있다는 점에서 운이 좋은 편이다. 하지만 내가 아는 대다수의 한부모 가족은 그렇지 않다. 많은 친구와 가족이 나를 위해 식료품을 가져다주었다. 이런 호의를 받는 한부모 가족은 흔하지 않다. 따라서 나는 한부모 가족 중에서도 형편이 꽤 좋은 축에 속한다.

최근에는 우려했던 상황이 현실로 나타났다. 막내딸은 지병이 있어서 코로나바이러스감염증-19에 걸리면 몹시 위험하다. 4월 초, 막내딸에게 발열이 생겼다. 가뜩이나 위태로운 상황에서 딸의 생사까지 보장할 수 없었다. 다른 전조 증상도 없이 열이 났다. 지금까지 딸을 지키기 위해 했던 모든 노력이 허사처럼 느껴졌다. 트라우마가 있어서 정서가 불안한 큰딸은 위험할 정도로 안절부절못했다. 감염을 막기 위해 최선을 다했지만, 결국 공포의 바이러스가 딸에게 마수를 뻗쳤다고 생각했다.

우리는 이미 감염의심자였고 코로나바이러스감염증-19의 희생자 중 하나로 기록에 남을 위기에 처했다. 나는 예민해진 상태에서 아는 소아청소년과 의사에게 전화를 걸었고 친구와 가족에게 딸이 감염 가능성이 있다고 알렸다. 그저 기다리는 일밖에는 할 수 없었다.

어느 날, 하루에 걸쳐 열이 내렸다. 나는 일주일 내내 다른 증상이 나타나지 않기를 빌고 또 빌었다. 다행히 행운의 여신이 우리 손을 들어주었고 딸의 건강은 계속 나아졌다. 내 이야기가 언론에 나갔을 때, 나와 딸은 증상 없이 멀쩡했다.

그렇다고 해서 두려움이 사그라들었다는 말은 아니다. 우리는 여전히 고립된 채였다. 담당 소아청소년과 의사는 실력이 뛰어났으나 너무 바빴다. 테스트 키트도 재고가 있었지만, 충분하지 않았다. 병원에 치료를 받으러 갔다가는 우리가 모두 감염될 위험이 있었고 딸들의 건강도 보장할 수 없었다. 이런 위기상황에서 보통 위안을 받는 곳은 병원이다. 하지만 진료소와 의료 센터는 감염 위험이 큰 장소이기도 했다.

나는 본능으로 우리끼리 위기를 헤쳐 나가야 한다는 사실을 알 수 있었다. 죽느냐 사느냐는 우리 가족의 손에 달려 있었다. 정확히 말하면, 내 손에 모두의 생존이 걸린 셈이었다. 그 어떤 부모라도 받아들이기 힘든 현실이다. 배우자가 없는 사람이라면 특히 그러하다.

내가 아파서는 안 된다는 사실은 저명했다. 늘 그랬듯이, 두 생명이 나를 의지하고 있었고 나는 어느 때보다 강해져야 했다. 다행히도 짧게나마 군 복무를 하면서 어느 정도 훈련을 받은 덕분에 위기 상황을 헤쳐 나가기가 수월했다. 라임병과 여러 번의 좌절을 극복한 경험도 있었다. 평범한 사람이라면 무릎 꿇을 역경도 버티는 의지와 지략의 소유자이기도 했다.

그러나 나는 또다시 시험당하고 있었다. 내 의지는 결연했지만, 공포와 불안 또한 엄청났다. 매 순간 나와 내 딸의 건강을 걱정했다. 나는 어떻게 되어도 좋았지만, 내가 감염자가 된다면 딸의 앞날도 보장할 수 없었다.

일부 독자는 이런 상황이 별것 아닌 것처럼 느낄지도 모른다. 어떤 이들은 의료 체계와 응급 구조 서비스라는 사치를 당연하게 생각한다. 바로 이런 사람들이 팬데믹 최전선에서 환자의 치료 우선순위를 매겨가며 사투를 벌이는 의료계 종사자를 포함한 우리 모두의 목숨을 위협한다.

누가 생존에 적합한가, 누구를 치료했을 때 의료 체계에 무리가 없는가, 누가 사태가 완화되었을 때 사회에 도움을 주느냐가 생사를 결정하는 기준이 되었다. 이런 현실을 보고 있자면 팬데믹이 닥치면서 삶이 어느 정도 변하기는 했어도 기존의 우선순위는 바뀌지 않았다는 생각이 든다.

정도만 다를 뿐, 모두가 생활 방식을 바꾸어야 했다. 일부는 다른 사람들보다 새로운 세상에 쉽게 적응하지 못했다. 팬데믹은 다른 관점에서 보면 지금까지 사회가 어떻게 돌아갔는지 보여주는 거울과도 같다. 미국의 한부모 가족이 팬데믹으로 겪는 고통은 생각보다 훨씬 어두운 문제에 기인한다. 많은 한부모 가족의 구성원은 일종의 난민이다. 폭력과 학대를 피해 달아났기 때문이다. 가뜩이나 힘든 삶을 살던 이들이지만, 최근 들어 하루하루가 더 어려워졌다. 자택 대피령은 가정 폭력에서 벗어나기 위해 애쓰는 부모와 자녀에게 심각한 결과를 초래할 수 있다. 갈 곳이 없으므로 폭력을 당할 위험을 무릅쓰고 가정에 머무를 가능성도 있다.

가까스로 탈출했다고 해도 법에 따라 양육비를 요구하고 사회 안전망에 접근하여 도움을 받을 때까지 오래 걸릴지도 모른다. 물론 사법 체계는 여전히 굳건하다. 그렇다고 한부모 가족의 구성원이 자택 대피령이 내려진 상황에서 폭행을 당할 위험성을 낮추지는 않는다. 사회안전망이 제 기능을 못 하면서 사회 취약 계층은 더 위태로워졌다.

나와 딸들은 이런 상황을 잘 버텨냈다. 강제 격리 조치를 시행하기 전이라 집에서 무사히 치료할 수 있어서 다행이었다. 조금만 회복이 늦었다면 이 정도로 끝나지 않고 가정의 평화가 무너졌을지도 모른다. 우리 입장에서는 참으로 시기적절한 조치였다고 할 수 있다. 불행히도, 우리처럼 운이 좋은 사람은 많지 않다. 팬데믹 속에서 쓰러진 가족도 무수하다. 앞으로 어딘가에서 고통스러운 삶을 이어갈 것이다.

나는 지금 상황이 그렇게 나쁘지만은 않다는 희망이 있다. 우리는 코로나바이러스감염증-19 위기를 계기로 사회를 바꿀 수 있다는 사실을 알아차렸다. 팬데믹이 끝난 뒤에도 출근하지 않고 집에서 업무를 보며 가족을 부양할 수 있을지도 모른다. 고용주는 근로자가 재택근무를 한다고 해서 생산성이 떨어지지 않으며 오히려 행복도가 올라간다는 사실을 알아차릴 것이다.

아이들은 집에서 더 많은 시간을 보낸다. 경제 활동을 하는 구성원의 재정 부담이 다소 줄어들 가능성도 있다. 물론 아직은 먼 이야기고 이상일 뿐이다. 지금 우리가 놓인 현실은 비참하다. 그러나 팬데믹의 불안이 사라지지 않는다면, 변화를 일으킬 힘이 있는 사람들이 미국 가정의 이상을 현실로 옮겨낼지도 모른다.

나와 딸들은 팬데믹이 가져온 장점을 느끼고 있다. 업무, 육아, 집안일을 동시에 해내는 일은 몹시 고되다. 하지만 상황이 변하면서 집은 다시 평화와 치유의 장소가 되었다. 우리 가족은 여전히 바쁜 현대인의 일상을 보내지만, 느리게 가는 미덕도 실천하고 있다.

우리는 혼자 오롯이 보내는 시간을 즐긴다. 운동장에서 노는 대신 산책하러 나가거나 자전거를 탄다. 함께 요리하고 식사한다. 우리는 다시 한 가족이 되었다. 위험한 상황을 넘겼고 코로나바이러스감염증-19의 훼방을 놓지 않은 덕분이다. 팬데믹 때문에 걱정도 많이 했고 딸들도 불안해했던 것은 맞다. 지금은 딸들이 두려운 생각을 떨칠 수 있도록 나이에 맞는 지식을 가르치고 편안한 환경을 조성하기 위해 노력하고 있다.

더 좋은 부분은, 팬데믹의 시기를 활용해 그리 멀지 않은 과거의 고통에서 벗어나 가족을 치유할 수 있다는 사실이다. 코로나바이러스감염증-19 위기는 우리에게 중요한 것을 다시금 돌아보는 기회다. 아마 곁에 가장 가까이 있는 사람들일 텐데, 앞으로도 마찬가지다.

나는 딸을 무척 아끼는 사람이다. 부모의 사랑은 조건이 없다. 부모 자식 관계에 관한 말은 진부할 정도로 차고 넘친다. 그래도 표현하기에 역부족이다. 우리는 모두 이 세상 아이들의 부모다. 토니 모리슨은 이런 말을 했다.

"여러분의 아이든 다른 사람의 아이든, 아이 한 명이 방으로 들어온다고 생각해보세요. 저절로 웃음이 나오지 않나요? 아이들이 원하는 것은 바로 여러분의 웃음입니다."

어떤 상황이든, 아이에게 미소를 지어주어라. 특히 지금 같은
상황에서는 꼭 웃어주어라. 사랑은 표현해야 한다. 사랑이 있는 곳
에는 언제나 희망이 있다. 사랑은 언제나 이기기 때문이다.

┆ 재가 정보 ┆

H.A. 칼럼은 필라델피아 교외 출신의 작가이자 시인이다. 펜실베이니아 주립대학교
에서 영어학 학사 학위를 받았으며 최우등으로 졸업했다. 아버지의 의무를 다하기 위
해 가끔 글을 쓰다 말고 딸들과 함께 유니콘을 잡으러 다닌다. 칼럼의 시와 소설은 지
역 신문과 국제 문예지에 실렸다. 2018년, 브라운 포세이 출판사를 통해 데뷔작 소설
《Whispers in the Alders》를 출판했다.

뒤쳐진 이들

└─○ 캐서린 조던

내 아이들이 코로나바이러스감염증-19 감염 의심자 판정을 받았다. 14일간 집에서 자가 격리하라는 명령이 떨어졌다. 별일은 아니다. 컴퓨터와 휴대폰이 있으니 격리 생활은 무척 쾌적하다. 온라인 비디오 게임, 팟캐스트, 줌, 스트리밍, 소셜 미디어, 틱톡을 즐기다 보면 시간도 잘 가고 지루하지 않다. 가족 중 나이 많은 사람한테 틱톡을 아느냐고 물어보자.

"틱…. 뭐?"

그러면 틱톡을 설명하면 된다. 틱톡은 각자의 창의력, 지식, 소중한 순간을 담아서 공유하는 애플리케이션이다. 멋진 사람이 나오는 짧고 흥미로운 영상을 볼 수 있다.

기술은 삶을 재미있고 편하게 만든다. 기술을 사용할 줄 안다면 말이다. 내 딸은 줌으로 생일 파티에 참석했다. 생일 파티의 주인공은 모두가 지켜보는 가운데 선물 상자를 열었고 많은 사람이 환호성을 지르는 동안 케이크를 잘랐다. 우리 가족은 서로 저녁 음식이나 디저트 사진을 보내고 요리법을 공유한다. 여러분도 알겠지만 요리는 수저로 헤집어 놓기 전까지만 보기 좋다. 온라인 기사를 같이 보고 노래 챌린지를 하거나 유치한 퀴즈를 풀면서 시간을 보내기도 한다.

내 아이들은 집에 컴퓨터가 없던 시절을 잘 모른다. 어렸을 때부터 휴대폰과 닌텐도 제품 사용법을 스스로 배웠다. 나는 어떻게 쓰는지도 모르고 배우고 싶지도 않았다. 그 정도 인내심이 없기 때문이다.

이후 스마트폰과 앱이 탄생했으며 뒤를 이어 아마존과 온라인 쇼핑의 시대가 열렸다. 고등학교 친구들은 페이스북으로 동창회를 조직했고 날짜와 참석인원을 공지했다. 나중에 책을 출판할 일이 생기자, 온라인 마케팅을 배워야겠다는 생각이 들었고 공부를 시작했다.

내 어머니도 세탁기와 ATM 정도는 사용할 수 있었다. 하지만 기술은 아주 빠르게 발전했고 어머니는 힘겹게 대세를 따르는 대신 깔끔하게 포기했다. 스마트폰도 거부했다. 스마트폰으로 손주에게 문자를 보내라고 권유해도 휴대폰으로 딱히 무엇을 하지는 않았다. 어머니는 말했다.

"괜찮아. 요즘 아이들은 말이 너무 빨라서 나한테는 외국어처럼 들린단다."

나는 스마트폰과 페이스북을 사용하면 손주의 얼굴을 보면서 문자로 이야기를 나눌 수 있다고 말씀드렸다. 하지만 어머니는 플립폰이 좋다고 대답할 뿐이었다.

몇 년 전, 어머니가 돌아가셨을 때, 나는 앞으로 아버지와 매일 연락해야겠다고 마음먹었다. 하지만 나와 아버지가 사는 곳은 1시간 이상 떨어져 있다. 따라서 플립폰을 버리고 스마트폰을 사라고 고집을 부렸다. 그리고 소셜 미디어를 어떻게 사용하는지 알려드렸다. 손주들은 앱 다운로드를 도왔다. 결국 아버지는 만남 사이트에서 새로운 반려자를 찾았다. 특이한 경우이기는 하다. 나의 글의 주제는 우리 부모님이 아니다. 바로 노년층의 기술 수용 의지다.

빠르게 성장하는 기술 시장의 마케팅 관계자들은 노년층을 잠재 고객으로 생각한다. 조지프 코울린은 〈배런스〉 기사에서 '65세 이상의 인구는 최고의 미개발 시장이다. 해당 집단은 현재 6억 명으로 사상 최고 수준이며, 2030년에는 10억 명, 2050년에는 16억 명을 돌파할 것으로 보인다'라고 썼다.

그런데 왜 아직 노인 관련 기술이 시장에 등장하지 않았느냐고? 마케팅 관계자들은 영리하다. 이미 생명을 위협하는 상황에 대한 노년층의 두려움을 이용해 신기술을 성공적으로 판매한 바 있다. 혼자 있거나 넘어졌을 때 혹은 뇌졸중이나 심장 마비와 같은 위험한 질병이 엄습할 때 도움을 요청하는 제품이 대표적인 예다.

노년층은 편의성, 독립성, 사회적 연결성을 제공하는 기술도 필요하다. 선택지는 많다. 조이 포 올 컴패니언 펫츠에서 판매하는 로봇 반려견과 반려묘 정도가 있겠다. 예전에 나보다 나이 많은 친구가 이런 이야기를 한 적이 있다.

"내 가구를 긁지 않고 고양이 화장실을 비울 필요가 없고 동물병원에 가지 않아도 괜찮은 반려묘를 기르고 싶어."

이 친구는 이런 기술과 제품이 있는지 전혀 몰랐다. 노트북이 있지만, 사용하지 않기 때문이다.

내가 볼 때, 노년층과 청년층의 정보 격차는 세 가지 이유에 기인한다. 좌절, 무지, 보안이다. 특히 보안은 금전 문제와 관련이 있다. 65세 이상 인구의 스크린 타임이 증가하면서 노년층도 기술에 어느 정도 익숙해졌다는 사실이 드러났지만, 난관은 여전히 존재한다.

브란 놀스 박사와 비키 한슨 교수는 〈낡은 기술 (비)사용자의 지혜〉라는 논문에서 나이를 이유로 기술을 사용하지 않는 세대를 '나이가 벼슬이다'라고 비판했다. 놀스 박사는 이렇게 밝혔다.

"노년층이 기술을 받아들이지 않으면 경제 활동을 하는 대부분 성인은 걱정스럽거나 위험하거나 번거롭더라도 반드시 기술을 익힐 수밖에 없다."

다시 말해, 노년층은 기술을 습득할 능력이 있다. 단지 배우고 싶지 않을 뿐이다. 효율성을 높일 수 있다는 장점은 충분한 동기로 작용하지 못한 듯하다. 하지만 좋든 싫든 기술이 꼭 필요한 상황이라면 어떨까?

기술이 있으면 팬데믹을 더욱 수월하게 이겨낼 수 있다. 다시 말하지만, 사용법을 알고 있다는 가정하에서다. 나는 구세대가 기술에 익숙해질 수 있도록 신세대가 도와야 한다고 생각한다. 많은 노년층이 나이를 마패처럼 휘두르며 기술의 흐름에 편승하기를 거부했지만, 아마 이들은 뒤처지지 않으려면 꽤 번거로운 일을 해야 할 것이다.

내가 돌보는 어르신 중에는 노인 전용 아파트에 거주하는 사람도 있다. 노인 전용 아파트는 식료품 가게, 작은 미용실, 구내식당, 도서관, 운동시설을 갖춘 곳이다. 모든 편의시설이 주거공간과 매우 가깝다는 사실을 생각하면, 노년층만 모여 사는 이러한 아파트는 현재 상황에서 절대 안전하지 않다. 뉴스를 본 사람이라면 내 말을 이해할 수 있다. 바이러스는 노년층을 학살하고 있기 때문이다.

벽에 붙은 테이프 조각은 친구, 이웃, 심지어 간호인조차도 넘으면 안 되는 2미터의 거리를 나타낸다. 사회적 거리 두기의 2미터 기준은 지금까지 골칫거리 그 자체였다. 10명 이상의 모임도 금지였다. 집에 머물며 자신의 건강을 지키기를 선택한 간호인을 비난할 수는 없었다. 화장실 변기를 닦고 싱크대를 소독하던 청소부 역시 마찬가지다.

코로나바이러스감염증-19는 노인에게만 위험한 질병이 아니다. 노년층도 바깥세상과 교류할 필요가 있다. 나는 우울증에 걸린 노인이 어떻게 변하는지 보아온 사람이다. 세상과 고립된 노년층 사이에서 우울증이 빠르게 퍼지고 있다. 노인들은 완전히 혼자가 되었다. 겁을 먹고 불안해하고 있다. 여러분은 아마 이렇게 생각할지도 모른다.

"아는 사람한테 말도 걸고 운동도 좀 하고 항우울제를 처방받아 복용하면 되지 않나요?"

글쎄다. 간단한 문제처럼 보일지 몰라도, 코로나바이러스감염증-19 팬데믹이 터지면서 복잡한 부분이 생겼다.

이야기를 나누고 싶으면 카페나 패스트푸드점 같은 장소에서 다른 사람과 어울려야 한다. 주변의 나이 많은 지인들은 맥도날드를 특히 좋아한다. 자리에 앉기 위해 기다리지 않아도 되고 팁을 요구하는 종업원이 없으며 아침 내내 여유 있게 앉아서 커피를 즐길 수 있기 때문이다.

운동? 쇼핑몰에 가면 평평하고 걷기 좋은 장소가 있다. 숨이 차면 앉을 의자도 있고 목마르면 마실 수 있는 급수대도 있다. 지역체육관으로 가면 트레드밀과 자전거가 있다. 쉽게 사용할 수 있으며 운동 효과도 좋고 에어컨 바람도 잘 나온다.

병원? 매일 쑤시고 아프면 좋든 싫든 병원에 가야 한다. 병원은 또 다른 사교의 장이다. 볼멘소리하면서도 운전을 해가며 친절한 직원을 만나는 이유가 있다고 생각한다. 친구나 지인을 자주 마주치는 장소이기도 하다.

하지만 주지사는 현재 상황에 꼭 필요하지 않은 모든 상업 활동을 중단하라는 지시를 내렸다. 가게, 쇼핑몰, 영화관, 은행, 식당이 문을 닫으면서 노년층의 생활방식은 크게 바뀌었다. 일부 주에서는 가족이 부모님 댁에 갈 수 없다. 질병을 옮길 위험이 있기 때문이다. 맥도날드는 드라이브스루나 그럽허브(배달애플리케이션)로만 음식을 판매한다. 쇼핑몰이나 체육관에서 운동하는 일도 없다. 유튜브로 대리만족할 뿐이다.

병원은? 내 의사는 가족 전원과 함께 온라인 의료 체계에 가입하라고 강력하게 권했다. 온라인으로 건강을 진단하고 약을 처방하며 경과를 지켜볼 수 있기 때문이다. 인터넷 진료는 한때 먼 훗날의 이야기였지만 어느새 현재가 되었다.

지난주에는 휠체어를 탄 한 신사가 내게 말을 걸더니 수표 몇 장을 입금하는 일을 도와달라고 부탁했다. 하지만 은행 로비는 문이 닫혀 있었다. 휠체어 때문에 다른 곳으로 태워줄 수도 없었다. 카드와 비밀번호를 알려달라고 할 수도 없는 노릇이었다. 결국 나는 그를 돕지 못했다.

세금? H&R 블록은 사무실 문을 닫고 온라인 체제로 전환했다. 여러분 말마따나 게임 체인저 터보 택스도 온라인 소프트웨어다. 하지만 세금 신고일이 7월 15일로 연장되었다는 사실을 말해주면 노인들은 "그러면 그 전에 가지 뭐"라고 말할 것이다.

뉴스 이야기로 넘어가자. 노년층이 주로 정보를 얻는 수단은 텔레비전이다. 세상과의 연결고리라고 할 수 있다. 하지만 CNN이나 폭스에서 보여주는 헤드라인은 너무 빨리 지나가서 노인들은 제대로 읽지도 못한다. 게다가 누가 "일지도 모릅니다", "일 수도 있습니다" "이라고 추측합니다" 따위의 모호한 말만 하는 미디어를 믿는가?

반면 소셜 미디어는 긍정론으로 가득한 곳이다. 밈과 농담 그리고 '좋은 소식만' 피드에 올라온다. 이렇게 말해도 노년층의 일반적인 반응은 아마 "관심 없어. 나는 안 할 거야"겠지만 말이다. 노인들은 느긋하게 앉아서 세상이 다시 정상으로 돌아오기를 기다리고 있다.

세상이 다시 정상으로 돌아올까? 나는 우리가 새로운 시대로 나아가고 있다고 노년층 지인에게 차마 말할 용기가 없다. 예전의 삶은 앞으로 영원히 찾을 수 없을 것이다.

1970년, 앨빈 토플러는 《미래의 충격》이라는 책에서 변화에 적응하지 못한 사람들에게 어떤 일이 벌어지는지 서술했다. 요약하면 변화의 결과로 영속성의 종말, 삶의 속도 증가, 일시성의 출현 등의 사건이 나타난다는 이야기다. 기술에 의존하는 현상 역시 마찬가지다. 구세대는 자신이 기술을 사용할 일이 없으며 필요한 상황이 닥치더라도 신세대의 도움을 받으면 된다고 생각했다. 물론 팬데믹이 터지면서 운동, 의료 서비스, 사회 활동과 같은 꼭 필요한 부분을 인터넷에 의존하는 날이 오리라고는 차마 예상하지 못했던 때의 이야기다.

내 자녀는 팬데믹 이후의 삶에 잘 대처했고 나도 마찬가지다. 하지만 노년층은 직접 만나 이야기를 나누던 시절을 그리워하고 있다. 불행히도 앞으로 대면 약속은 화상 통화로 대체될 것이다. 코로나바이러스감염증-19는 '나이를 벼슬로' 생각하는 사람들에게 생각을 굽힐 것을 강요하고 있다.

┌─────────┐
╎ 저자 정보 ╎
├─────────┴──┐
╎ 캐서린 조던은 단편 소설, 기사, 소설을 열심히 쓰는 작가이자 작가 단체를 이끄는 대표 ╎
╎ 다. 브램 스토커 어워즈와 ITW 영어덜트 어워즈의 심사위원이기도 하다. 시간이 남으면 ╎
╎ 노인을 돌보는 자원봉사로 활동한다. 남편과 다섯 아이와 함께 펜실베이니아에 산다. ╎
└──┘

낙관주의자인 한 필수 인력의 이야기

o 조지프 메이저락

    내일은 아침 6시 30분에 집을 나설 예정이다. 모든 것이 꿈이었던 듯 말이다. 내가 현실에 있다는 사실을 보여주는 증거라고는 텅 빈 도로와 컵홀더에 있는 손 소독제뿐이다. 보아하니, 나는 '필수 인력'인 것 같다.

    이 글을 읽는 여러분을 위해 말하겠다. 미국 곳곳에서 다양한 수준의 봉쇄령을 선포하고 있다. 전역의 주지사가 자택 대피령을 내렸다. 나는 플로리다 사람이지만, 일 때문에 노스캐롤라이나에 있으며, 이곳에서 프로젝트를 끝낼 생각이다.

    바이러스가 오고 있다. 정확히 말하자면, 이미 미국을 덮쳤다. 플로리다도 예외는 아니다. 내가 살던 자치주에서도 사망자가 발생했다. 나는 주변에 아픈 사람이 별로 없는 관계로 문을 닫아 걸은 가게를 보면서 팬데믹을 실감하고 있다. 하지만 머지않아 상황이 바뀌리라 생각한다. 앞으로 몇 주 동안 수십만 혹은 수백만 명이 감염될 것이기 때문이다. 의료계 종사자들은 모두를 위해 고군

분투하겠지만, 사망자가 속출하는 일은 막을 수 없다.

이미 팬데믹이 여기까지 온 이상, 결과가 꽤 참담하리라는 사실은 변하지 않는다. 그러나 나는 펼쳐질 재앙을 받아들이는 동시에 마음 한구석으로 낙관론을 품고 있다.

대체 팬데믹의 어느 구석을 보고 낙관론을 주장하는지 궁금할 것이다. 하루에 50번 손을 씻고 팔꿈치에 대고 기침을 하고 발뒤꿈치를 세 번 부딪치면 바이러스가 사라지는 마법의 주문이라도 찾았나? 물론 그렇지 않다. 내가 하고 싶은 이야기는 꿈도 희망도 없는 상황까지는 아니라는 말이다.

나는 1년, 2년 뒤의 세상을 내다보려 한다. 그때의 세상은 팬데믹이 터지기 전과 완전히 다르지 않을까? 맞다. 가능성은 여기에 있다.

수정 구슬로 실낱같은 희망을 찾아보자. 현재의 위협인 팬데믹이 사라진 가까운 미래는 여전히 안개가 짙게 끼어 잘 보이지 않지만, 저 너머로 빛이 보인다.

사람들이 악수하고 아이들이 학교로 돌아가며 아무 걱정 없이 교회, 야구 경기, 주유소에 갈 수 있다면, 최악의 상황은 넘긴 셈이다. 누군가에게는 듣기 괴로운 이야기일지도 모른다. 팬데믹으로 소중한 사람을 잃은 이들 말이다. 그 상처는 무엇으로도 메꿀 수 없다. 시간이 지나면 잊히겠지만, 시간을 되돌릴 방법은 없다. 마음을 다친 생존자들은 상실의 슬픔 속에서 정부가 정한 격리 기간은 비교도 되지 않을 만큼 오래 씨름할 것이다. 회복은 고통스럽고 더디다. 아마, 지금까지 단 한 번도 하지 않았던 방식으로 다른 사람에게 의지해야 할지도 모른다. 세상은 과거나 현재의 고통을 딛고 밝은 방향으로 나아갈 것이다.

미래를 전망해보자. 사람들은 가족과 친구와 새로운 유대 관계를 형성한다. 우리는 새로운 직장을 찾는다. 새로운 아이들이 태어나면서, 새로운 근심과 희망을 품는다. 지금 뛰어다니는 어린이들은 이번 해를 컴퓨터로 학교 수업을 들었던 시절로 기억할 뿐, 상황을 초래한 바이러스는 까맣게 잊어버린다. 코로나바이러스감염증-19와는 관련 없는 꿈을 꾼다.

우리도 마찬가지다. 버진 갤럭틱이 약 3억 6000만 원에 우주여행 티켓을 팔고 테슬라 지지자들이 사이버트럭을 타고 대로를 누비는 시간은 2년이면 충분하다. 그때가 되면 이번 팬데믹 위기는 마치 악몽을 꾸었던 것처럼 느껴질 것이다.

인류는 팬데믹이 끝난 뒤에도 오랫동안 번성할 것이다. 당연한 이야기다. 그러나 이번 사태를 계기로 귀한 기회를 얻었다고 말하면 동의하지 않는 사람도 있을지 모른다. 고립된 상태에서 스트레스에 시달리다가 격리가 끝나 사회로 나오면 이웃을 볼 생각에 조금은 더 행복하지 않을까? 주변 사람을 더 공손하고 열린 태도로 대하고 기꺼이 도우려 하지 않을까? 왜냐하면 우리는 서로를 원하기 때문이다. 단지 지금까지 지나치게 간과했을 뿐이다. 여러분은 다른 사람이 필요하고 나도 마찬가지다.

팬데믹에서 한 가지 교훈을 얻어간다면, 나비효과 정도가 있겠다. 우리의 사소한 선택이 다른 사람에게 지나치게 큰 영향을 미칠때가 있다. 나비효과는 진부하지만, 결코 무시할 수 없는 개념이다. 세계의 절반을 휩쓴 바이러스는 박쥐와 접촉한 단 한 사람 때문에 퍼졌다. 여러분도 알겠지만, 세상 사람이 전부 감염될지도 모른다. 팬데믹은 나비효과가 얼마나 끔찍해질 수 있는지 세계를 무대로 보여준 셈이다. 나비효과는 좋은 영향력을 미치기도 하며, 하루에 수백 번씩 선과 악을 넘나든다. 모든 상호작용은 연못에 던진 돌이 만드는 파문처럼 인류 전체에 영향을 미친다. 파문들이 우리에게 미치는 영향은 지나치게 복잡하여 이해하기 어렵다. 가끔은 합쳐지면서 증폭하기도 하고 서로를 상쇄하기도 한다. 언제나 어떤 결과를 불러온다는 것은 확실하다.

여러분은 모든 사람을 가족, 이웃, 도시, 주, 나라 따위의 크고 작은 기준으로 분류할 수 있다. 그러나 모두 같은 사람이다. 한 사람이 다른 사람을 돕거나 해치면 파문이 발생해 또 다른 사건을 낳는다. 나비효과는 언제나 힘을 발휘했다. 지금 우리가 있는 파문은 과거나 미래와 무관하지 않다.

크게 보면 우리가 사는 지구가 단순한 외딴 행성이 아니라는 사실도 이해할 수 있다. 우주는 지구가 유영하는 수영장이다. 시간이라는 개념의 복잡성과 우리를 하나로 이은 인간의 무한한 상상력을 여기서 설명하기는 어렵다. 팬데믹은 우리가 시야를 넓히는 데 도움을 주었다.

여러분이 내 글을 읽을 때까지 팬데믹이 끝나지 않았을 경우를 위해 몇 가지 조언을 하겠다. 손을 자주 씻고 다른 사람과 거리를 유지하라는 뻔한 말이 아니다. 봉쇄령이 내려진 곳에 거주한다면, 상황을 최대한 활용하라. 여러분이 어디에 있든, 그곳은 당분간 생활할 작은 공동체와도 같다.

집에 가는 날에는 가족을 즐겁게 해줄 생각이다. 직접 간단한 요리를 만들고 아내와 함께 나누어 먹으며 아내가 편하게 쉴 수 있도록 해야겠다. 아침에는 반려견과 함께 뒷마당으로 나갈 것이다. 커피를 즐기며 하느님과 이야기를 나누는 동안 주변을 마음껏 냄새 맡으며 오줌을 누도록 내버려 두어야겠다. 생각만 해도 좋다.

나도 좋은 추억을 만들고 싶다. 정말 독특한 추억 말이다. 차고에서 아이들과 온몸에 땅콩버터를 바르고 레슬링을 하면 어떨까? 아마 엉망진창이 될 테지! 그래도 아주 재미있을 것 같지 않나? 아마 수십 년은 나와 함께 한 날을 잊지 못할 것이다.

그러나 가족과 함께 시간을 보내겠다고 위험을 감수할 생각은 없다. 내 삶은 점점 바빠지고 내가 만드는 파문이 어디로 가는지 생각할 틈도 없이 하루가 흘러간다. 내 파문은 어디로 가는가? 여러분은 나와 같은 생각을 한 적이 있나? 내가 만든 파문은 연못 반대편에 어떤 영향을 미칠까?

팬데믹의 교훈을 기억하고 행동에 더 신경 쓰기를 바란다. 나비효과는 여러분은 물론이고 나 역시 명심해야 할 현상이다. 나는 더 베풀어야겠다고 마음먹었다. 꽤 마음에 드는 목표다.

그리고 지금 상황에서 희망을 주는 존재가 되기를 바란다. 작은 행동도 괜찮다. 마스크라도 사서 기부해야겠다는 생각이 든다. 그래 봐야 한두 상자에 불과하겠지만, 의미가 있는 일이다. 작은 파문도 파문이니까.

신이 나를 돕는다면, 이 모든 상황이 끝나고 제이 부부를 초대해서 함께 저녁을 먹고 싶다.

여러분과 가족에게 노스캐롤라이나에서 사랑을 보낸다. 나는 곧 집에 돌아갈 것이다.

┌─────────────┐
│ 저자 정보 │
└─────────────┴──┐
│ 조지프 메이저락은 코로나바이러스감염증-19 위기 상황에서 정부 프로젝트 필수 인 │
│ 력으로 직무를 수행했다. 《Into the Attic of the World and host of the Blue Deck │
│ Podcast》의 저자이기도 하다. │
└──┘

공중 보건과 시민의 자유 그리고 팬데믹 이후의 삶

○ 스콧 주커먼

세상이 변했다. 그것도 갑자기, 극적으로, 전조 없이 말이다. 앞으로도 기상천외한 방식으로 변화할 것이다. 특히 의학 분야는 절대 예전 같을 수 없다. 코로나바이러스감염증-19 팬데믹이 낳은 변화는 공중 보건 향상으로 이어질 수 있고 반대의 결과를 가져올 수도 있다. 진보일지 퇴보일지는 보는 관점에 달렸다.

우리가 놓인 상황은 인류 역사상 전례가 없는 일이므로, 미래에 대한 모든 예상은 과학 근거나 실재하는 자료를 기반으로 생각한 결과가 아니라 단순한 추측에 불과하다. 이번 일을 계기로 어떤 성과를 내는 데 성공할 수도 있겠지만, 피할 수 없는 결과를 맞이해야 할 때도 있을 것이다. 조 스트러머는 이렇게 말했다.

"미래는 아직 쓰이지 않았다."

1755년, 벤저민 프랭클린은 이렇게 썼다.

"순간의 안전을 얻기 위해 기본적인 자유를 포기하는 자는 자유와 안전 모두 누릴 자격이 없다."

정부는 코로나바이러스감염증-19의 확산을 막기 위해 미국 역사상 유례가 없을 정도로 시민의 자유를 제한했다. 종교든 사교든 모임이란 모임은 모두 통제당했다. 회사는 문을 닫아야 했고 일부는 이를 계기로 폐업했다. 사람들은 주 국경을 넘을 때마다 멈춰서 검사를 받았다. 국립공원과 주립공원은 문을 닫아걸었다. 많은 도시에서 야간 통행금지령을 내렸다.

이 모든 조치는 확산 속도를 늦추고 환자 수를 줄이기 위해 꼭 필요했을 것이다. 아마도 말이다. 하지만 대부분은 효과를 객관적으로 증명하지 않고 내린 조치다. 심지어 의회나 지방 자치단체의 동의까지 받지 않았다.

그렇다고 조치 자체가 잘못되었다는 의미는 아니다. 충분한 검증 없이 막연하게 좋은 결과를 불러올 것 같다는 이유로 조치를 내리면 위험한 상황을 불러올 수 있다. 반드시 어떤 결과로 이어지는 경우에는 더욱 그러하다.

1942년, 미국인 대다수가 국가 보안을 위해 일본계 미국인의 시민권을 박탈하고 격리 수용소에 감금하는 일에 찬성했다. 오늘날 다시 생각하면 20세기 최악의 실수라고 해도 과언이 아니다. 그렇다고 코로나바이러스감염증-19를 막기 위한 제한 정책이 10만 명이 넘는 무고한 일본계 미국인을 수용소에 넣자는 제안만큼 나쁘다는 말이 아니다. 나는 피해자의 경험을 모독하고 역사의 어두운 장에 만연했던 인종차별을 부정하려는 생각이 없다. 하지만 그 어떤 가치보다 자유를 중시한 나라의 국민이 (미국 독립 혁명 지도자는 "자유가 아니면 죽음을 달라!"고 말했다)이러한 극단적인 제한 정책을 군말 없이 수용하는 모습은 꽤 흥미로웠다. 시위나 저항은 거의 없었다.

그래서 이러한 조치가 의학과 무슨 관련이 있다는 말인가? 다시 한번 역사를 돌아보자. 다수의 건강을 지키기 위한 정책을 시행하는 과정에서 소수가 자유를 침해당한 사례는 숱하게 많다. 자유의 정의는 하기 나름이지만 말이다. 일부의 자유 때문에 공동체 전체의 행복을 증진할 수 있는 일을 포기해야 하는 경우도 많았다. 최근에도 비슷한 사건이 있었는데, 꽤 유명해서 대부분 잘 알고 있으리라 생각한다.

바로 백신 논쟁이다. 백신의 발명은 의학 역사상 몇 손가락 안에 꼽힐 정도로 위대한 업적이다. 이 말에 동의하지 않는 사람이 있다면, 백신이 탄생하기 이전에 많은 사람을 괴롭히고 죽인 소아마비, 디프테리아, 천연두와 같은 전염병을 공부하기 오기 바란다.

세상에 예방률이 100%인 백신도 없고 부작용 위험이 전혀 없는 것도 없다. 백신의 특성상, 질병을 지구상에서 지워버리려면 모든 사람이 백신을 맞아서 소위 '집단 면역'이라고 부르는 상태를 만들어야 한다. 1970년대 천연두가 자취를 감춘 사례를 살펴보면 백신 접종의 보편화가 어떤 효과를 불러오는지 확실하게 알 수 있다.

오늘날 의료 전문가들은 '백신 접종 거부자'와 충돌하고 있다. 이들은 홍역, 유행성 이하선염, 풍진 백신이 자폐증을 유발한다고 주장했다가 의사 면허를 박탈당한 사기꾼의 주장이나 종교적 이유에 따라 백신 접종을 거부한다. 지금까지 이러한 어리석고 이기적인 사람들은 자신의 아이에게 백신 접종을 놓지 않을 수 있는 자유를 누렸고 접촉하는 모든 사람의 건강을 위협했다.

이는 1980년대 이래로 미국에서 자취를 감추었던 홍역이 부활하는 결과로 이어졌다. 홍역 바이러스는 코로나바이러스보다 치사율이 낮지만, 전염성은 훨씬 높다. 세계보건기구에 따르면, 2018년 세계에서 홍역으로 사망한 사람은 14만 명이 넘는다.

그렇다면 이토록 선례가 확실한 상황에서, 의학자가 다수의 건강을 지키기 위해 '종교의 자유'를 침해하는 해결책을 권고한다면 정부는 어떤 결정을 내려야 할까? 아마 코로나바이러스감염증-19에 대한 안전하고 효과적인 백신이 탄생하는 대로 조건이 맞는 모든 사람에게 백신 접종을 명령할 것으로 보인다. 소아청소년과 의사로서 하는 말이지만, 백신 접종을 강제하면 좋은 결과를 기대할 수 있다. 코로나바이러스감염증-19에만 해당하는 이야기가 아니다. 예나 지금이나 모든 전염병에 통하는 해법이다.

코로나바이러스감염증-19의 특성을 조금씩 밝혀내면서 약간 긍정적인 변화도 기대할 수 있게 되었다. 지금까지 축적한 자료에 따르면, 코로나바이러스감염증-19에 감염자 중 특정 만성 질환이 있는 사람은 치명적인 증상이 발현하면서 사망할 가능성이 훨씬 높았다. 당뇨병, 고혈압, 심혈관계 질환, 만성 폐쇄성 폐 질환 정도를 예로 들 수 있겠다. 대부분 고칠 수 있는 질병이지만, 코로나바이러스감염증-19를 함께 앓으면 사망률이 급격하게 올라갔다.

그렇다면 이번 팬데믹은 전 국민이 생활 습관을 건강하게 바꾸는 계기가 될까? 적게 먹고 많이 운동하는 사람이 늘어날까? 다들 재료의 형체를 알아볼 수 없을 정도로 가공한 고지방 고탄수화물 식품 대신 제대로 된 음식을 먹고 과일과 야채 섭취량을 늘릴까? 이번에는 담배를 끊을 수 있을까? 최근 발견한 몇 가지 증거에 따르면, 공기 중 오염물질에 오랫동안 노출된 사람은 코로나바이러스감염증-19에 걸렸을 때 위험한 상황으로 이어질 가능성이 증가한다. 혹시 이 발견이 공기 정화 운동을 유도하는 촉매로 작용하지는 않을까?

대부분은 모든 사람이 자신의 행동에 책임을 지고 각자의 건강과 행복을 주체적으로 추구하는 사회가 이상적이라고 생각한다. 하지만 이번 팬데믹을 보면 현실과 이상이 다르다는 사실을 알 수 있다. 비만이나 당뇨 같은 질병을 법으로 예방하려 시도한 사례는 많았다. 2012년 뉴욕시에서 대용량 탄산음료 판매를 규제하는 정책을 밀어붙였다가 며칠 만에 철회한 사건이 대표적인 예시다. 상당히 어리석고 의미 없는 조치였다.

반면 담배와의 전쟁에서 활용한 규제는 훨씬 좋은 성과를 거두었으며 덕분에 흡연율은 지난 50년 동안 반 토막이 났다. 담배와 탄산음료는 분명한 차이가 하나 있는데, 사실 백신 문제와도 관련이 있는 부분이다. 담배를 피우는 사람은 주변 사람에게 상당한 영향을 미치지만, 1리터들이 코카콜라 병을 들고 마시는 사람의 경우, 꼭 그렇지만은 않다는 사실이다(건조한 기내에서 바로 옆자리에 앉은 사람이 마신다면 모를까).

노년층은 코로나바이러스감염증-19에 걸리면 청년층보다 더 심각한 합병증을 앓을 수 있다. 세계 요양원이 감염 확산의 거점이 되면서 노인은 물론이고 직원까지 피해를 본 가슴 아픈 사례도 발생했다. 미국의 베이비붐 세대 늦둥이들은 이제 60세가 되었으며 계속 나이를 먹고 있다.

이번 팬데믹을 계기로 사회가 노인을 대하는 방식이 변할까? 집에서 부양하는 옛날 방식으로 회귀할까? 요양비는 국민의 건강보험으로 충당한다. 그렇다면 요양원을 떠나 집에서 생활하는 노인이 많아진 만큼 남은 요양원 이용자에게 돌아가는 서비스의 질이 올라갈까? 사회에 많은 공헌을 했으면서도 가장 위협에 취약한 집단이 드디어 제대로 대우받는 날이 온 것인가?

지금까지 답보다 질문을 더 많이 한 듯하다. 나는 인류가 팬데믹에 적절하게 대처하리라 믿고 싶지만, 모두가 다수의 이익을 위하지는 않을 것 같다. 살면서 오랫동안 인간의 행동을 관찰하면서 마음속에 자리 잡은 비관론자가 내린 판단이다.

사람들이 2020년 호흡기 바이러스 팬데믹이 터졌다는 소식을 듣고 앞다투어서 했던 집단행동이 이성을 잃고 화장실에서 쓸 휴지를 사들이는 것이었다는 사실을 생각해보자.

저자 정보

스콧 주커먼은 30년 넘게 의료계에 종사했다. 소아청소년과와 소아응급학과 전문의 면허가 있으며 침술사 자격도 보유한 의료인이다. 주커먼의 고등학교 시절 영어 교사가 훗날 《안젤라의 재》로 퓰리처상을 수상한 프랭크 맥코트다. 맥코트는 졸업앨범에 "자네는 작가의 재능이 있으니, 잘 다듬으라"라는 글을 남겼다. 40년 뒤, 주커먼은 맥코트의 충고를 허투루 듣지 않았음을 증명했다. 첫 책 《Dreams of My Comrades》는 2015년 유타문예창작대회에서 논픽션 부문 1위를 차지했으며 2017년에 선버리 출판사가 책으로 펴냈다.

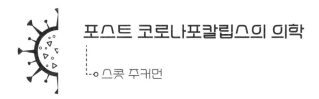

포스트 코로나포칼립스의 의학

스콧 주커먼

코로나바이러스감염증-19 팬데믹은 사람 사이의 관계를 크게 바꾸어놓았다. 팬데믹에 적응하기 위해 변한 상호작용 방식은 사태가 종결된 뒤에도 당분간 이어질 것으로 보인다. 의사와 환자의 관계는 결코 예전으로 돌아갈 수 없다. 하루아침에 벌어진 일은 아니다. 변화의 씨앗은 수십 년 전에 뿌려졌다. 소수의 탐욕과 다수의 무관심을 먹고 성장한 씨앗이 해롭고 끈질긴 잡초로 모습을 드러냈을 뿐이다.

여러분은 오늘날의 의사 환자 관계가 몹시 숭고하며 옛날부터 전해 내려온 그대로라고 생각할지도 모른다. 하지만 의사와 환자가 오늘날과 같은 관계를 맺기 시작한 시점은 그리 오래되지 않았다.

나는 1985년에 의학대학교를 졸업했으며 당시 상황을 똑똑히 기억하고 있다. 나처럼 소아청소년과를 선택한 의사들은 대부분 처음에 신생아실을 담당하다가, 유아기와 아동기 그리고 청소년기 환자를 받는 단계로 넘어간다. 부모에게 자녀의 질병과 부상을 설명하고 백신 접종을 어떻게 해야 하는지 설명하는 일이 일상이다. 아이들이 아주 많아서 나는 갓난아이 때 만난 환자를 십 대까지 계속 치료하는 기쁨을 누릴 수 있었다. 이렇게 가다가는 어쩌면 환자의 결혼식에 초대도 받고 자식과 함께 병원에 들어오는 모습을 볼 수도 있겠다는 생각까지 했다.

하지만 1990년대부터 의사와 환자 사이에 보험사가 끼어들기 시작했다. 어떤 환자가 의사를 만나야 하는지, 의사는 무엇을 해야 하는지, 진료 시간은 몇 분으로 하는지, 진료비는 얼마나 청구해야 하는지를 보험사의 경리회계부가 정했다. 의사들이 별 관심을 보이지 않았던 덕에 가능했던 일이었다. 탐욕스러운 고양이가 생선을 맡았다.

운영 대신 체계를 이용해 엄청난 돈을 긁어모으는 일에만 신경을 썼다. 의사는 생활 수준을 유지하기 위해 환자당 진료 시간을 줄이고 하루에 보는 환자 수를 늘렸다. 환자들은 고용주가 보험을 바꿀 때마다 담당의가 바뀌는 상황에 놓였다. 모두 직접 보고 들은 사실이다. 1995년, 병원을 찾는 환자 수는 전년 대비 20% 늘었지만, 내 수입은 20% 감소했다. 환자 회전율은 말도 안 되는 속도로 올라갔다. 청첩장은 없으며 변화의 씨앗은 뿌려졌다.

2000년대는 이 비극의 정원에 전자의무기록이라는 비료를 퍼부은 시기다. 탐욕과 어리석음으로 오염된 위대한 체계다. 정보 공유 체계를 간소화하고 표준화하기 위해 의사들이 직접 설계했어야 할 체계이지만, 컴퓨터 괴짜들이 대신 개발했다. 주목적은 보험사의 수입을 높이는 데 있다. 응급실에서 환자를 돌보며 많은 밤을

지새우던 나는 환자 상태를 정확히 알 수 있는 전자의무기록 체계를 기대했다.

노스다코타 출신의 여섯 살배기 고열 환자가 뉴저지 병원에 나타났다고 가정하자. 보호자인 어머니는 스웨덴어 밖에 할 줄 모르고 시간은 한밤중이다. 제대로 된 전자의료의무 체계만 있으면 문제없다. 보호자의 도움 없이도 예방접종 상태나 알레르기 유무를 포함한 모든 병력을 즉시 알 수 있기 때문이다. 상당히 가치 있는 체계다.

실제로 나온 체계는 유용하기는커녕 복잡하고 어려웠으며 시간을 많이 잡아먹을 뿐 아니라 이치에 맞지 않는 부분도 많았다. 게다가 종류가 여러 가지라서 서로 다른 체계끼리는 정보 공유가 불가능했다. 그럼 상상 속 응급실에 나타난 저 아이는? 전자의무기록을 붙잡고 있을 시간에 스웨덴어를 공부해서 보호자에게 직접 묻는 것이 더 현명한 판단이다.

전자의무기록이 탄생하면서 안 그래도 촉박한 진료 시간이 더욱 짧아졌다. 환자와 눈을 마주치며 이야기를 나누거나 의미 있는 교감을 하는 대신, 대부분 시간을 키보드를 두드리면서 보냈다.

이제 2020년으로 돌아오자. 코로나바이러스감염증-19 팬데믹은 미디어가 만들어낸 집단 히스테리 덕분에 세계를 장악했으며 의료계의 목구멍을 꽉 쥐고 있다. 환자들은 불필요한 접촉을 피하고자 응급 상황이 발생하지 않는 한, 집에 머무르라는 안내를 받았다.

지금도 원격 의료 장치나 전화로 수많은 환자를 관리하고 있다. 비대면 의료가 새로운 표준으로 자리 잡기까지는 얼마 걸리지 않을 것이다. 팬데믹이 끝나도 달라지는 점은 없다. 보험 회사는 의사가 비대면 진료비로 얼마를 청구해야 하는지 결정한다. 전자의 무기록은 의료 서비스 변화를 반영해서 기업의 이윤을 극대화하도록 탈바꿈한다. 진료 시간은 조금씩 줄어들다가 결국 최소한만 남았다.

히포크라테스는 이렇게 말했다.

"환자를 돌볼 때 종종 나타나는 현상이 있다. 마치 내게 신비한 힘이 있는 것처럼, 내가 손을 환부에 올려두기만 해도 고통과 불결한 물질이 사라졌다. 의학을 익힌 일부는 특정 손짓과 신체 접촉으로 환자를 호전시킬 수 있다는 사실을 알고 있다."

과장이 섞였다고? 그럴지도 모른다. 하지만 어느 정도는 사실이다. 나는 히포크라테스가 현대의 의사 환자 관계를 전혀 상상하지 못했으며 지하에서 이 모습을 본다면 그리 좋아하지 않으리라고 확신한다. 공평하게 말하자면, 히포크라테스도 완벽한 의사는 아니었다. 시체를 부검하고 나면 환자를 진료하기 전에 손을 씻어야 한다는 사실을 처음으로 모두에게 설득시킨 사람인 이그나스 제멜바이스는 히포크라테스가 죽고 수 세기가 지나서 나타났다.

비단 의료계에서만 사람 사이의 상호작용이 감소한 것도 아니다. 사람들은 커피 한 잔을 앞에 놓고 나누는 이야기보다 문자 메시지로 하는 대화를 좋아한다. 아마 카페에 함께 앉아서도 휴대폰을 보며 문자 메시지를 주고받을 것이다. 공연장이나 영화관에 갈 시간에 집에서 음악을 듣고 영화를 본다. 경기장에 가지 않고 집에서 고화질 야구 게임을 한다. 아이들은 친구와 농구장에서 뛰는 대신 소파에서 비디오 게임을 즐긴다. 사회는 오래전부터 사회적 거리 두기를 준비했다. 팬데믹은 단지 그 과정을 가속했을 뿐이다.

엄습하는 건강보험 문제

ᴦ○ 윌 델러밴

미래에 관한 글을 쓰는 일은 재미있다. 시간이 지나 미래가 현재가 될 때쯤이면 대부분 사람은 여러분이 무슨 글을 썼는지 잊어버리는데, 운이 좋아서 예측이 맞아떨어지면 위대한 현자 대우를 받을 수 있다. 사람들은 경제학자인 내게 여러 가지 물건의 가격이 내년에 어떻게 될 것 같은지 물어보고는 한다. 보통은 대답하지 않는다. 내 직업은 경제학자지 마법사가 아니기 때문이다. 하지만 보건 경제학 교수라는 직업상 팬데믹 이후의 시대를 예상하는 일이 무척 재미있게 느껴졌다. 내 예상이 맞을 가능성은 거의 없지만 밑져야 본전이기에 충동에 저항할 수 없었다.

팬데믹은 미국 의료 체계의 추악한 치부를 드러냈다. 일부는 팬데믹을 계기로 정책 결정권자들이 국민건강보험이나 단일보험자 체제 혹은 두 가지를 결합한 체계를 곧 채택할지도 모른다는 꿈을 꾸게 했다. 선진국이라면 모두 바라는 희망이다. 이 꿈이 현실이 될 수 있을까? 나라는 선지자에게 묻는다면 이렇게 답하겠다.

"절대 안 되지."

왜냐고? 의료 체계를 혁신하려면 껄끄럽고 불편한 부분을 건드려야 하기 때문이다. 양질의 의료 서비스에 대한 접근성이 소득에 따라 굉장히 차이가 난다는 문제 말이다.

우리는 의료 개혁을 논할 때마다 사회 정의라는 중요한 도덕 문제는 쏙 빼놓고 기술과 관련한 세세한 사항을 놓고 말씨름을 벌인다. 나는 팬데믹처럼 냉혹하고 중대한 사건이라도 상황을 바꿀 수는 없다고 생각한다. 의료 서비스 개혁의 역사는 지금까지 쭉 잘못되었기 때문이다. 의미 있는 토론은 지금까지 단 한 번도 없었다. 의료 서비스를 자유 경쟁 시장의 상품으로 취급하려는 정치적 움직임 때문이다. 진정한 변화는 의료 서비스의 본질과 더 중요한 문제인 사회적 윤리를 있는 그대로 직시할 때만 일어날 수 있다. 다시 말해 보건 경제학자 우베 라인하르트가 입에 달고 다니던 질문에 대답해야 한다는 뜻이다.

"가난한 형제자매의 의료 서비스를 책임지려면 다른 사회 구성원은 얼마나 부유해야 하는가?"

이는 상당히 중요한 부분이다. 팬데믹을 계기로 우리가 더 공평한 의료 서비스를 누릴 수 있다고 생각한다면, 먼저 라인하르트의 사회 정의 분배 질문에 답하라. 여러분이 바라는 일은 일어나지 않는다. 꽤 많은 사람이 통계를 잘 알고 있으면서도 미국 예외주의에 빠져 의료 서비스에 관한 환상을 품고 있다. 통계에 따르면 크게 나아진 부분이 없다. 과거에 4000만 명에 이르던 무보험자가 2000만 명으로 크게 줄기는 했다. 엄청난 공격을 받았던 오바마케어, 즉 환자 보호 및 부담 적정 보험법이 어느 정도 성공을 거두었기 때문이다. 시체를 살아있는 사람으로 위장하기 위해 오만 애를 쓰는 영화 〈베니의 주말〉 주인공처럼, 변변한 지원 없이 반대가 빗발치는 상황에서 갖은 수를 써가며 통과시킨 법안이다.

우리는 양질의 임상 시험 자료와 기술에 투자할 경제력이 있다. 그러나 미국의 의료 서비스 비용은 유럽보다 두 배 이상 비싸며 비용 상승률은 물가 상승률을 상회한다. 그렇다고 질이 좋은 것도 아니다. 같은 서비스를 거의 두 배에 가까운 돈을 내고 받는 수준이며 접근성도 매우 불공평하다. 미국의 유아 사망률은 제3세계와 비슷하다. 역시 예외주의를 주창하는 나라답다.

정치인은 수십 년 동안 기술 문제를 물고 늘어지면서 전혀 성과를 내지 못했다. 계속 거짓말과 보여주기식 행동만 할 뿐이었다. 일부 조치는 의미가 있었지만, 대부분은 그렇지 않았다. 정책 입안자들은 메디케어가 탄생한 1960년대 이후에야 조금씩 개혁 의지를 보였다.

그러다가 2010년에 이르러 환자 보호 및 부담 적정 보험법이 탄생했다. 엄청난 비난을 받았지만, 논쟁 양상을 어느 정도 바꾸어 놓기는 했다. 의료 서비스 개혁을 이루기 위한 간절하고도 허술한 시도로 요약할 수 있는 법안인데, 진정한 건강보험 개편이 목적이었다. 기저에는 건강보험을 개선할 수 있다면, 의료 서비스와 국민 건강이 자연스럽게 나아지리라는 논리가 있었다.

모든 사람이 보험에 가입하면 이제 엄청난 치료비를 떠안을 필요가 없다. 수백만 명이 예방의학이라는 무기를 십분 활용하면서 응급실에 방문하는 사람이 줄어든다. 시민권만 있으면 가진 돈에 상관없이 양질의 의료 서비스를 공평하게 누릴 수 있다. 하지만 정책은 실패했으며 체계는 깨졌다.

코로나바이러스감염증-19 팬데믹의 등장과 우리의 대처 실패는 변화의 불씨가 될까? 팬데믹을 계기로 현재의 의료 서비스 체계를 단일보험자체제로 바꾸고 모든 사람이 같은 서비스를 합리적인 가격으로 받게 할 수 있느냐는 말이다. 이 끔찍한 위기를 기회로 삼아 모두의 의식을 깨우고 어렵고 복잡한 카스트 제도에 가까운 의료 서비스 체계를 세계의 본보기가 될 정도로 바꾸어 놓을 수 있을까? 미국 예외주의는 과거의 영광을 되찾을 수 있을까? 다른 나라가 전부 실패한 상황에서 새로운 체제를 구축하여 바이러스를 물리칠 수 있을까?

일부는 팬데믹을 진정한 변화의 계기로 활용할 수 있다고 생각한다. 현재 체계가 완전히 엉망이라는 사실을 인정하고, 단일보험자체제로 탈바꿈하는 일을 재고해야 한다는 말이다. 급할 필요는 없다. 정책 입안자의 관점에서 생각했을 때 몹시 까다로운 문제는 사유재와 공공재를 구분하는 능력이 없거나 떨어지는 사람이 많다는 데 있다. 대중이 모두가 의무적으로 보험을 들어야 한다는 주장을 비웃는 이유도 의료 서비스와 건강보험의 개념을 제대로 아는 사람이 거의 없기 때문이다. 건강보험과 브로콜리를 같은 선에서 생각한다는 말이다. 브로콜리가 싫으면, 살 필요가 없다! 건강보험과 공중보건도 브로콜리처럼 경쟁 시장의 사유재로 취급하고 시장에 맡겨야 마땅하다는 논리다.

하나의 기관으로써의 시장, 특히 소비자가 상품을 구매할 의무가 없고 어떠한 규제도 받지 않는 시장은 파격적이지만, 오해하기 쉬운 복잡한 개념이다. 브로콜리는 건강, 의료 서비스, 건강보험과 다르다. 특정 대상이 사유재인지 공공재인지 구별하려면 두 가지를 보면 된다. 바로, 경합성과 배제성이다. 브로콜리는 경합성과 배제성이 있는 사유재다. 내가 방금 입에 넣은 브로콜리는 결코 여러분의 몫이 될 수 없다. 경합이 이루어지기 때문이다. 배제성도 있다. 나는 브로콜리를 공짜로 먹을 수 없다. 브로콜리는 어디까지나 개인의 재화이므로 판매자에게 값을 지불해야 한다. 따라서 브로콜리는 경합성과 배제성이 모두 있는 순수 사유재라고 할 수 있다. 순수 사유재 시장은 아무런 문제가 없다. 이상에 가깝다고 해도 무방하다.

순수 사유재와 순수 공공재를 비교해보자. 공공재는 경합성과 배제성이 없다. 앞에서 미국의 예외주의를 언급했으니 국방으로 예를 들겠다. 국방 서비스는 경합성이 없다. 내가 보호를 받는다고 해서 내 이웃이 위험해지는 일은 일어나지 않는다. 또한 정부가 일단 국방 서비스를 제공하기 시작하면, 국방세를 내지 않아도 이득을 볼 수 있다. 아이를 한 명 더 낳는다고 해도 마찬가지다. 배제성이 없기 때문에 국방세를 안 내도 보호를 받을 수 있다. 막내는 무임승차를 하는 셈이다.

문제는 의료 서비스와 건강보험을 시장에서 사유재로 취급하면 애매한 부분이 생긴다는 데 있다. 사유재 시장은 구매자와 판매자가 많고 상품의 정보가 자명하며 외부 비용(혹은 혜택)이 없는 상태에서 재산권이 명확하고 거래 비용이 낮을 때 잘 작동한다. 하나라도 부족하면 원활하게 돌아가지 않는다. 경쟁 시장에 속하는 사유재 시장도 언제나 완벽한 것은 아니다.

마스크 대란만 생각해도 알 수 있다. 정작 중요한 마스크만 빼고 다 있다. 국내에는 마스크 공장이 없다. 질 좋은 마스크가 부족하다는 사실은 결국 다른 시장도 실패할 수 있다는 뜻이다. 마스크가 없으면 의사나 간호사가 제 역할에 충실하기 어렵다.

우리가 가치 있다고 생각하는 대부분의 재화는 경합성과 배제성을 모두 가지고 있다. 순수한 공공재도 아니고 순수한 사유재도 아니라는 말이다. 건강, 의료 서비스, 의료보험이 여기에 해당한다. 의료보험의 수요는 경제학 용어로 파생 수요에 속한다. 건강 서비스에 대한 수요 때문에 파생된 수요라는 뜻인데, 의료 서비스에 대한 수요 역시 건강에 대한 수요 때문에 파생된 수요다.

건강보험을 주제로 한 이야기는 결국 건강에 관한 내용이다. 브로콜리는 있지만, 건강에는 없는 것은 확실성이다. 우리는 보통 자신이 브로콜리를 얼마나 좋아하는지 알고 있다. 집에 브로콜리가 얼마나 있는지, 시장에서 얼마를 주고 사야 하는지도 쉽게 알 수 있다.

그러나 우리의 건강이 어떻게 변하리라는 사실은 알 수 없다. 몸이 안 좋다는 사실은 알아도 어디가 문제인지 모를 때도 많다. 몸이 가뿐해도 왜 가뿐한지 모른다. 병원에 가서도 마찬가지다. 증상도 알고 상태도 알지만, 의사에게 완벽하게 설명할 수는 없다. 상황에 따라 다르겠지만, 의사도 환자의 상태를 완벽하게 확신할 수는 없다. 따라서 반드시 검사와 진단을 통해 경험과 교육에 따른 판단을 내려야 한다. 웬만하면 문제를 알 수 있다.

고용주가 건강보험을 들어놓아서 진료비 일부 혹은 전부를 보장받을 수 있는 사람이라면, 굉장히 운이 좋은 편이며 완전히 나을 때까지 치료를 받으면 된다. 우리는 진료가 끝날 때까지 진단 결과, 치료 경과, 비용을 알 수 없다. 가격표도 보지 않고 브로콜리를 담아 계산하는 사람을 생각해보자. 의료 서비스를 이용하는 일은 눈가리개를 하고 슈퍼마켓에 들어가서 처음 보는 사람이 적어준 목록에 있는 물건을 사면서 가격이 저렴하기를 바라는 상황과 비슷하다.

풍요성은 브로콜리는 없지만, 건강에는 있는 요소다. 건강의 공공성을 이해하려면 꼭 알아야 하는 부분인데, 쉽게 말해 전염성이 있다는 뜻이다. 위의 두어 단락에 걸쳐 공공재는 배제성이 없다고 말했다. 나는 여러분의 브로콜리를 빼앗을 수 없다. 하지만 나는 모든 사람에게 코로나바이러스감염증-19를 옮을 수 있다. 이는 설탕이 달다는 사실만큼이나 확실하다. 코로나바이러스감염증-19는 배제성도, 경합성도, 편향성도 차별성도 없다.

건강은 불확실성으로 가득하며 많은 사람의 건강이 전염병으로 영향을 받을 수 있다. 따라서 건강, 의료 서비스, 건강보험을 다룰 때 야채나 다른 사유재보다 더 많은 요소를 고려해서 접근해야 한다. 사회 구성원 모두의 이득을 도모하려면 건강보험을 강제하거나 다른 방식으로 모든 사람의 건강보험 가입을 유도하는 조치가 필요하다. 한 사람의 건강이 모두에게 영향을 미친다는 사실을 고려하고 한 명 한 명의 가치를 무시하지 않는 정책을 펴야 한다는 말이다. 다른 사람과 전혀 상호작용하지 않는 삶은 이론상으로 가능하다. 하지만 매일 늙어가는 몸을 가진 이상 영원히 사는 일은 불가능하다.

우리는 모두 죽는다. 나이가 들수록 보통 질병이 많이 발생한다. 연식이 오래될수록 고장이 잦다는 점에서 사람과 자동차는 비숫한 부분이 있다. 여러 부품은 서로 다른 속도로 닳으며 전혀 예상하지 못한 때에 말썽을 일으킨다. 그 순간 우리가 무엇을 하고 있었는지는 상관하지 않는다. 몸은 시간이 지날수록 능력이 떨어진다. 건강한 습관을 지키고 다른 사람을 사랑하며 이웃에게 좋은 사람일지라도 암 같은 심각한 질병에 걸릴 수 있다. 발병하는 병의 종류와 정도는 완전히 무작위이며 치료를 받아도 나이를 먹으면 결국 사망한다. 무작위성, 전염성, 노화라는 요소를 고려하면 공중 보건과 건강보험을 사유재로 분류할 수 없다. 따라서 민간 시장에서나 통하는 정책을 공공재에 적용해서는 안 된다.

그러나 일부 정책 입안자들은 건강보험과 의료 서비스를 순수한 사유재로 취급하고 있다. 폴 라이언의 법안이자 트럼프케어라고도 부르는 건강보험 개혁법안이 대표적인 예시다. 미국은 예나 지금이나 모두를 위한 의료 서비스가 아닌, 브로콜리 케어를 지지하는 쪽으로 빠르게 기울고 있다. 메디케어가 개인의 행복과 사회 복지 모두를 책임지기 시작한 뒤로, 부주의한 정치인들은 소득으로 신분을 정해 혜택을 누리는 일종의 카스트 의료 서비스 체계를 만들어냈다. 의료 산업과 건강보험 업계의 로비스트들이 만들고 주무르는 체계가 탄생했다는 사실은 대부분의 정치 토론이 유권자를 속이는 간교한 속임수에 불과했으며 앞으로도 그러리라는 뜻이다.

진정으로 상황을 혁신하려는 자들은 민영 보험과 공영 보험의 특징이 모두 있으면서도 보장 범위가 넓은 보험을 바란다. 정책 입안자들은 환자 보호 및 부담 적정 보험법이 만족스러운 절충안이라고 생각했다.

환자 보호 및 부담 적정 보험법은 보수 성향이 있는 헤리티지재단이 30년 전에 제안한 정책과 혜택이 비슷하다. 매사추세츠 주지사 밋 롬니가 10년 전에 매사추세츠 주민을 대상으로 도입한 의료보험 제도와도 닮은 구석이 있다. 만성 질환에 대한 보장, 보험 의무화, 마지막으로 복잡한 전략과 창의적인 형태의 시장 그리고 마케팅을 통해 보험료를 감당할 수 없는 이들을 돕는 체계를 갖추었다는 점에서 말이다. 언급한 세 개의 특징으로 요약되는 모형은 매사추세츠에서 무난하게 성공을 거두었고 미국 절반에서 나쁘지 않은 성과를 올렸다.

수백만 명의 무보험자가 보험에 가입했다. 의료비 지출 증가율이 감소했다. 하지만 법안은 제정된 순간부터 엄청난 반대에 부딪혔다. 정계는 물론이고 법계에서도 공격이 들어왔다. 일부 조항이나 법 자체를 없애려는 소송이 꼬리에 꼬리를 물었다. 모두가 보험에 가입해야 한다는 주장은 앞에서 설명한 브로콜리 논리로 끊임없이 도전을 받았다. 법정 공방이 오가기는 했어도, 보험 미가입자에게 벌금을 추징한다는 조항이 사라졌다는 사실을 제외하면 오바마케어는 거의 처음 모습 그대로이며 사람들은 꾸준히 보험에 가입하고 있다.

팬데믹이 언제 끝날지 모르지만, 내년이 되면 건강보험료는 반드시 오른다. 40% 이상 오를 것으로 점치는 사람도 있다. 수백만 명이 일자리를 잃을 텐데, 실업자는 미국의 유별난 전통인 고용주 의료보험의 혜택을 누릴 수 없다. 많은 사람이 보험의 보장을 받지 못하는 동시에 보험에 가입할 수 있는 경제 능력을 상실한다는 뜻이다.

여기서 뼈 있는 질문을 하나 던져볼 수 있다. 이는 혁명을 의미하는가? 소비자들이 모두를 위한 의료 서비스를 요구하며 정치인에게 압력을 가할 것인가? 정책입안자는 이에 응답할까? 납세자는 양질의 의료 서비스를 합리적인 가격으로 제공할 것을 요구할까? 질과 가격이라는 두 마리 토끼를 모두 잡을 수 있을까?

글쎄다. 미국의 의료비 지출은 많은 사람을 위한 의료 서비스를 제공하는 선진국의 두 배 이상이다. 다른 나라는 가격을 억제하면서도 거의 모든 사람이 서비스를 받도록 조치했기 때문이다.

팬데믹은 미국의 의료 서비스 체계가 미흡하다는 사실을 보였다. 또한 위협에 대한 우리의 대응은 과학적으로 생각하지 않는 집단 무능을 수면 위로 드러냈다. 호주나 뉴질랜드처럼 체계적인 정치가 필요하다는 말이다. 갑자기 기적처럼 이치에 맞는 정치의 중요성을 인정하고 정책의 세부적인 문제를 뜯어고친다고 끝나는 문제가 아니다. 여전히 중요한 질문 하나가 남아 있다.

미국에서 보건 정책을 두고 토론을 벌일 때는 실제로 변화하기 위해 꼭 필요한 핵심 질문을 하지 않는다. 우베 라인하르트는 이렇게 물었다.

"미국인의 자녀는 빈곤층이든 부유층이든 미리 막을 수 있는 병을 예방하거나 이미 걸린 병을 치료할 때 고를 수 있는 선택지가 같아야 하는가?"

의료 서비스와 건강보험에 관한 대부분 논의에서는 가난한 아이에게 선택의 여지가 없다는 사실을 전제로 한다. 정책의 세부 사항을 두고 옥신 간신하기 전에 라인하르트의 질문에 정확히 대답하지 않으면 건강보험 문제는 결코 개선할 수 없다.

더 나은 체계, 모든 시민이 동일한 품질의 의료 서비스를 동등하게 받을 수 있는 체계를 바라는가? 하지만 팬데믹을 계기로 미국의 의료 체계가 얼마나 조악한지 만천하에 드러났어도 바람은 현실이 되지 않을 것이다. 수술에 필요한 마스크를 수급할 수 없어 문제가 생기고 라인하르트의 질문에 공개적으로 대답하기를 거부하는 체계는 혁신할 수 없다.

┌─────────┐
│ 저자 정보 │
└─────────┘
레바논밸리대학교에서 경제학 교수로 재직 중인 윌 델러밴은 가족 레이철, 나탈리, 알렉스와 함께 펜실베이니아 캠프 힐에 살고 있다. 이번 장을 쓰는 데 통찰력 넘치는 아이디어를 제공한 보건 경제학 수업 학생에게 감사하게 생각하고 있다.

정치에서 적과 동침은 없는가

└○ 팻 라마체

　미국의 정치 양상은 팬데믹 이후로 크게 달라질지도 모른다. 최초의 민주공화국 미국의 정치는 입후보, 선거운동, 집계가 핵심인 승자독식 체제다.

　다른 공화국, 다시 말해 의회제 국가를 보면 선거운동을 크게 제약하며 권력을 골고루 분담한다는 사실을 알 수 있다. 입후보 청원 집회를 열고 선거 유세를 벌이고 현장 투표 체제를 고수하는 미국보다 선거 과정에서 발생하는 사람 사이의 접촉이 훨씬 적다.

　언급한 세 가지 요소 모두 혁신해야겠지만, 개표 방식은 특히 빨리 손을 볼 필요가 있다. 2020년 4월 7일, 위스콘신은 팬데믹이 소강상태로 들어갈 때까지 선거를 연기하자는 주지사의 결정을 뒤집고 대통령 예비 선거를 치렀다. 위스콘신 대법원이 선거를 강행하라는 결정을 내렸기 때문이다. 미국 연방 대법원은 4월 7일자 우체국 소인이 찍힌 부재자 투표 용지까지만 유효로 인정해야 한다는 공화당의 주장을 받아들이면서 문제를 복잡하게 만들었다. 미국 우편 제도에 따라 소인을 찍지 않은 요금 별납 우편을 무효표로 만들겠다는 이야기다. 합의가 닿지 않으면, 선거 관리인들은 부재자 투표 용지 수만 장을 유권자의 권리와 함께 버려야 한다.

위스콘신의 유권자 다수는 선거일이 미루어질 것으로 생각하고 투표 준비를 하지 않았으며 일부는 마감일 전까지 부재자 투표를 신청하지 않았다. 많은 사람이 공화당이 주지사의 결정에 이의를 제기하리라고 생각하지 못했기 때문이다. 법원은 부재자 투표 신청 기간이 지난 뒤에 공화당의 주장을 인정했다. 코로나바이러스 감염증-19가 빠르게 번지는 상황에서 선거일 연기 요청을 거부한 대법원은 위스콘신 유권자의 부재자 투표권 행사를 막고 사람들을 위험한 투표소로 내몬 셈이다.

2020년 선거가 진행되는 동안, 선거일까지 많이 남은 대다수 주는 부재자 투표 제도를 확대하거나 부재자 투표 신청 기한을 미루었다.

팬데믹이 만들어낸 2020년 위스콘신 사건은 앞으로 수십 년 동안 정치학자 사이에서 법원 개입의 정당성을 놓고 구설에 오르내릴 것이다.

선거

미국의 연방 선거는 주에서 주관한다. 대통령 선거, 상원의원 선거, 하원의원 선거도 연방 정부가 실시하지 않는다. 주법에 따라 지방자치단체가 시행하기 때문이다. 입후보 역시 주 내에서 결정하는 문제다. 투표 자격과 투표 방식도 마찬가지다.

연방 정부를 수립할 때 치른 선거에서는 투표지를 인쇄해서 나누어주지 않았다. 토지가 있는 남성만 투표에 참여했기 때문이다. 미국의 초대 대통령, 조지 워싱턴이 만장일치로 뽑혔다는 이야기가 유명한데, 그렇게 보일 수밖에 없는 사정이 있다. 다른 후보에 표를 던진 사람이 있었다고 해도, 기록이 남지 않아 다른 사람이 알 방법이 없기 때문이다. 선거인단은 다수의 의견에 따랐다. 역사는 패자를 기억하지 않는 법이다.

워싱턴을 대통령으로 만든 선거의 일반 유권자 투표 결과는 전해지지 않는다. 대통령 후보로 나선 사람이 더 있었을 가능성도 있다. 인쇄한 투표지가 없었으므로 자서식 투표였던 셈이다. 어쨌든 워싱턴이 아닌 후보에게 던진 표는 사표가 되었다.

초대 대통령 선거에 대한 흥미로운 사실 하나가 더 있다. 투표 결과에 영향을 미친 주는 총 10주다. 연방 선거 지침을 정하는 과정에서 3개 주는 대통령을 선출할 자격이 없다는 결론이 났기 때문이다. 뉴욕은 주 의회가 유권자에게 투표권을 부여할 수 있다는 규정이 없었던 탓에 선거에 불참했다. 노스캐롤라이나와 로드아일랜드는 연방 헌법 비준을 거부했다. 따라서 이 주들은 연방이 아니었다. 투표해놓고 주의회가 일을 제때 하지 않았다는 이유로 표를 집계하지 않는다는 생각은 터무니없게 느껴진다. 하지만 지금도 미국에서 일어나는 일이다.

위에서 설명한 대로 연방정부가 선거에 거의 간섭하지 않기 때문에 주마다 선거 방식이 완전히 가지각색이다. 다섯 주(워싱턴, 오리건, 콜로라도, 유타, 하와이)는 우편 투표로 선거를 치른다. 두 주(메인과 버몬트)에서는 누구나 선거에 참여할 수 있다. 세 주(아이오와, 켄터키, 버지니아)는 흉악범의 투표권을 영원히 몰수한다. 한 주(메인)는 유권자가 투표지에 후보의 지지 순위를 기재하는 선호투표제를 실시한다.

첫 투표에서 과반수의 지지를 받은 후보가 없다면 과반득표자가 나올 때까지 선호도가 낮은 후보 순으로 탈락시키면서 해당 후보를 1순위로 기재한 유권자의 2순위 표를 나머지 후보에 나누어 주는 식이다. 모든 주, 컬럼비아 특별구, 미국령은 전부 부재자 우편 투표 제도가 있으며 형태만 조금씩 다르다. 하지만 선거 방식이나 입후보 관련 문제는 그렇지 않다. 주마다 규정이 완전히 천차만별이기 때문이다.

29개 주와 컬럼비아 특별구의 유권자는 투표장에 가서 컴퓨터를 이용해 선거를 치른다. 31개 주는 투표지를 사용한다. 코로나바이러스감염증-19 팬데믹은 선거 절차에 어떤 영향을 미칠까? 선거 제도를 유권자의 편의를 고려해서 수정하라는 움직임을 유발하지는 않을까?

2020년 4월, 많은 사람의 지지를 받는 유권자 권리 보호 기관 '여성 유권자 연맹'은 여러 주를 대상으로 웨비나를 열어 팬데믹이 낳은 문제의 해결책을 모색했다. 각 주의 여성 유권자 연맹 사무소와 국무장관은 부재자 투표 제도를 확대해야 한다는 의견에 지지를 보냈다.

메인주의 국무장관 매트 던랩은 자신의 주 투표율 73% 중, 35%가 부재자 투표로 던진 표라는 사실을 확인했다. 2020년 4월 13일, 메인주는 팬데믹이 소강상태로 들어갈지도 모른다는 희망으로 경선 연기를 발표한다. 던랩은 발표 몇 시간 뒤에 나타나 유권자의 건강이 염려스럽기는 하지만 투표소를 아예 없애기는 어렵다고 말했다.

"부재자 투표 제도를 확대한다고 해서 우편 투표를 한다는 말은 아닙니다. 오리건을 비롯한 일부 주는 가정으로 우편 투표지를 보냅니다. 선거인 자격 여부를 확인하는 곳도 있지만 주소지만 확인하고 투표지를 발송하는 주도 있습니다. 하지만 부재자 투표 제도에서는 유권자가 반드시 사전에 참여 의사를 밝혀야 합니다. 따라서 메인주의 선거를 부재자 투표로 치르려면, 투표에 참여하기 위해 사전 신청을 해야 한다는 사실을 모든 사람에게 알리는 일이 중요합니다. 하루빨리 준비해야 가능한 부분입니다. 주지사 제닛 밀스에게도 투표 참여 자격에 관한 정보를 시간 안에 제대로 전달해야 한다고 강조한 바 있습니다."

〈밸럿 엑세스 뉴스〉의 편집자, 리처드 윙어는 우편 투표가 주 재정에 큰 영향을 미치는 게임 체인저가 될 것으로 예상한다. 우편 투표 체제를 사용하면 예산을 크게 절약할 수 있기 때문이다.

지방자치단체는 선거 때마다 관리 인력과 장소 임대에 들어가는 비용을 부담해야 한다. 하지만 우편 투표를 하면 투표소를 빌릴 필요가 없다. 선거 업무에 동원하는 직원이 훨씬 줄어든다. 선거 당일만 인원을 투입하는 수준이다. 집계는 지방자치단체와 우체국이 함께 분담하면 된다. 그런데 왜 50주 모두가 이토록 좋은 체계를 활용하지 않을까? 답은 간단하게 두 가지로 요약할 수 있다. 첫째, 집계 시간이 길다. 둘째, 미국인은 답이 빨리 나오는 방식을 선호한다.

어쨌거나 사회적 거리 두기 캠페인 덕분에 우편 투표로 전향하는 추세다. 2020년 동안 더 많은 주가 부재자 투표 체제를 확대할 예정이다. 의욕 있는 국무장관들은 수정을 거친 현대식 우편투표를 도입할 것이다. 어떤 선거 방식을 채택하든, 투표소를 아예 없애서는 안 된다. 부재자 투표를 신청하지 못했거나 새로 도입한 우편 투표에 익숙하지 않은 사람도 선거권을 행사할 수 있어야 한다.

2024년까지 절반가량의 주가 우편 투표 체제로 전환할 예정이다. 절차가 간소하고 재정 부담이 적다는 사실이 명확해지면 선거 비용 대부분을 감당하던 지방자치단체는 저렴한 우편 투표 체제로 완전히 방향을 틀 것이다. 리처드 윙어는 팬데믹과 함께 닥친 경제 위기를 고려해서 합리적인 결정을 내려야 한다고 생각한다.

"모든 부분에서 예산을 줄여나가야 합니다. 경제는 타격을 입었습니다. 돈은 상당히 중요한 문제가 될 것입니다."

재산세 납세자들이 지방자치단체가 우편 투표 체제로 절약한 선거 비용을 다른 곳에 투입할 수 있다는 사실을 깨닫는 순간, 상황은 빠르게 변할 수밖에 없다.

투표지

미국인은 선거일에 여러 가지 일을 한다. 공직자를 선출하는 것은 물론이고 재정 문제에 참여할 때도 있다. 27개 주와 컬럼비아 특별구의 유권자는 입법 문제에 관여한다. 일부 주에서는 이러한 직접 민주제를 레퍼렌덤 혹은 주민발의제라고 부른다. 주 입법부가 제 기능을 하지 않을 때 투표를 통해 법을 제정, 개정, 폐지하는 식으로 기능한다.

투표지에 항목을 올리는 방법은 두 가지다. 공신력 있는 단체를 통하거나 (주요 정당은 소속 후보의 이름을 등록하며 입법부는 투표에 부칠 법안을 올린다) 국민청원을 받아 사람이나 법의 지지도를 증명하면 된다.

　하지만 위험한 팬데믹이 기승을 부리는 와중에 한물간 관행인 국민청원 집회를 하는 행위는 반드시 지양해야 한다. 미국을 제외하면 이런 구식 풍습이 남은 민주주의 국가는 거의 없다. 공직자 후보 등록을 위한 청원 집회는 대부분 사라졌다. 조지아는 민주당도 공화당도 아닌 사람이 입후보하려면 7500명의 서명을 받도록 하고 있다. 캐나다는 하원 의원 선거에 출마하려면 정당 상관없이 100명의 지지만 있으면 된다. 영국은 고작 10명에게 서명을 받으면 끝난다.

　출마에 필요한 서명의 수는 주마다 다르다. 선거 자체가 다 그렇기는 하지만 말이다. 조지아는 조건이 까다롭지 않다. 하지만 노스캐롤라이나에서 민주당과 공화당 소속이 아닌 후보가 출마하려면 무려 8만 명의 서명을 받아야 한다. 지금은 코로나바이러스감염증-19 무증상자들이 활보하며 지역 사회를 위협하는 상황에서 사회적 거리 두기 캠페인을 준수해야 할 때다. 이러한 서명 집회는 단순히 어리석은 짓으로 치부하고 넘길 수준이 아니다.

　21세기 첫 번째 팬데믹은 직접 민주주의나 입후보 청원 집회, 둘 중 하나를 사라지게 할 것이다.

　미국의 많은 지역에서 온라인 유권자 등록을 허용하고 있다. 청원 서명 집회도 같은 방식으로 대체할 수 있다. 선거 과정에 참여하는 개인이 제약을 받지 않으려면, 반드시 안전한 온라인 국민 청원 방식을 개발해야 한다. 선거 결과에 국민의 뜻을 제대로 반영할 수 있다면, 투표 방식 자체는 어떻게 변하든 중요하지 않다.

　인터넷을 사용하면 다양한 방식으로 선거에 참여할 수 있다. 미국은 유권자의 선택지를 지나치게 제한하는 국가다. 투표권을 행사하는 사람이 늘어날수록 투표지에 이름을 올리는 일은 어려워졌다. 조지 워싱턴을 대통령으로 만든 선거의 투표지에는 많은 후보의 이름이 있었지만, 기득권만 투표를 할 수 있었기에 결과는 이미 정해진 당상이었다. 초대 대통령 선거에서 선거권을 행사한 사람은 부유한 자뿐이었는데, 전부 조지 워싱턴을 잘 아는 자들이었다.

시간이 지나고 인구가 늘어나면서 국민의 권리는 커졌다. 법을 개정하여 여성과 유색인종도 투표권을 얻었다. 유권자의 피부색과 성별이 다양해졌으므로 선거에 나가고 당선되는 후보의 인종과 사회적 위치 역시 예전과 달라질 가능성이 생겼다. 입후보권이 기득권자에게 중요해진 시기가 바로 이때다. 모두가 투표권을 얻자, 기득권은 영향력을 발휘해 투표지에 이름을 올릴 수 있는 권리를 제한했다.

에이브러햄 링컨은 공화당이 창당 6년 만에 배출한 대통령이다. 휘그당을 역사의 뒤안길로 보내버린 장본인이기도 하다. 전국의 입법부는 특정 정당의 후보에게만 피선거권을 부여한다는 법안을 통과시켰다. 그 뒤로 미국에 새로운 정당이 집권하는 일은 없었다.

지난 몇 년 동안 온라인 소매업자가 소비자에게 제공한 편의를 생각해보자. 새로운 기술이 대중에게 같은 형태의 선택지를 제공한다면, 코로나바이러스감염증-19 팬데믹을 계기로 기존의 꽉 막힌 입후보 체계를 깨뜨릴 수 있다.

온라인 투표 방식을 채택하면 1860년에 링컨을 대통령으로 추대한 선거처럼 많은 사람에게 자유를 선사할 수 있다. 그게 싫다면, 평소처럼 인터넷으로 물건이나 사고팔면 된다. 어떤 선택을 하든, 팬데믹은 반드시 전자 투표 체제로 넘어가는 촉매제로 작용할 것이다.

선거운동

사회적 거리 두기 캠페인이 등장하면서 선거운동 양상이 완전히 변했다. 최근에 선거운동을 한 도널드 트럼프와 버니 샌더스를 생각해보자. 둘 다 엄청난 지지자를 만들어내는 데 성공했다. 둘의 선거운동이 만들어 낸 결과물은 동지애, 즉 공동체 의식이었다. 공동체 의식은 생각이 같은 사람들을 하나로 모으고 희망찬 미래에 대한 꿈을 품게 했다. 카리스마를 발휘해 자신을 숭배하는 집단을 만들어낸 두 후보는 정치 무대의 최전선으로 향했다.

2016년, 버니 샌더스 사례를 보자. 지역구 버몬트를 제외하면 인지도가 거의 없다시피 했다. 대신 선거 유세로 수천 명의 지지자를 얻었고 유력 후보로 떠오르기 위해 꼭 필요한 언론의 관심을 끄는 데 성공했다.

재임 기간 내내 꾸준히 선거운동을 벌인 대통령 역시 대규모 유세를 통해 자기 뜻을 많은 사람에게 관철했다.

하지만 2020년 3월 중순에 이르러 모든 대규모 집회가 금지되었다. 10명 이상이 모이면 코로나바이러스감염증-19가 퍼지면서 감염자가 발생할 우려가 있었기 때문이다.

샌더스는 대중의 흥분을 유도하는 능력과 뛰어난 의사소통력을 앞세워 바이러스보다 빠르게 지지기반을 늘렸지만, 사회적 거리 두기 캠페인이 유행하면서 주 무기를 잃어버리고 말았다.

주지사들이 하나둘씩 폐쇄령을 내리기 시작했을 때까지만 해도 사회적 거리 두기 캠페인이 몇 주 이상 계속되리라고 예상한 사람은 거의 없었다. 처음에는 트럼프 대통령도 기독교와 유대교의 기념일이 있는 4월 중순 무렵에는 식당, 영화관, 공연장, 교회, 유대교 회당이 문을 열 수 있다고 큰소리쳤다.

길고 길었던 3월이 끝나고 미국이 코로나바이러스감염증-19 사망자가 가장 많은 나라로 이름을 올리면서 하루빨리 사회적 거리 두기 캠페인이 끝났으면 하는 바람은 물거품으로 사라졌다. 식당과 도서관이 문을 닫으면서 만찬 파티와 후보 참여 행사도 개최할 수 없었다. 정치 집회는 규모를 막론하고 금지이므로 2020년 미국 대통령 선거에서 시위와 같은 활동이 영향을 미치는 일은 없을 것으로 보인다.

유권자는 집에 격리되었다. 이제 미디어로 선거운동을 할 여력이 있는 후보만 유권자의 텔레비전과 컴퓨터 모니터에 모습을 드러낼 수 있다. 학교 이사회 선거든 대통령 선거든 방송국 카메라에 얼굴을 내밀만한 돈이 있고 인터넷 사용자 사이에서 소문이 퍼질 만큼 특이한 구석이 있어야 이긴다는 말이다.

20세기식 선거운동은 미국의 봉쇄령이 풀리지 않는 한 과거의 유물일 뿐이다. 미국인은 온라인으로 음식을 주문한다. 가족도 온라인으로 방문한다. 손주에게 책을 읽어줄 때도 온라인을 이용한다. 신발부터 반려견 사료까지 모든 물건을 온라인으로 구입하고 현관문 앞에서 받는 사람이 점점 많아지고 있다. 사람들은 택배 상자가 문 앞에 놓이기를 기다리듯이, 정보를 직접 모으지 않고 무작위로 들어오는 정보만을 받을 것이다. 다시 말해, 누군가의 의도로 오염된 정보의 습격을 받으리라는 말이다.

백신 개발이 언제 끝나느냐에 따라 달라지겠지만, 미국 유권자는 최소 1년 동안 화면에 많이 나오는 후보를 선택할 가능성이 크다. 이력이 화려하고 유명한 후보는 그렇지 않은 후보보다 기회가 많다. 유권자는 사회적 거리 두기 캠페인을 지키는 동안 가족이나 친구와 정치 의견을 나눌 기회가 줄어든다. 자연스럽게 다른 사람의 영향을 받지 않고 각자의 가치관에 따라 투표할 것이다.

후보는 온라인으로 유세를 하는 방법을 익혀야 한다. 이기고 싶으면 선거운동을 통해 사람들에게 이름을 각인해야 한다는 사실은 팬데믹 이후도 마찬가지다.

| 저자 정보 |

각종 수상 경력에 빛나는 방송진행자이자 기자 겸 작가 팻 라마체는 1998년 주지사 선거로 정계에 입문했다. 당시 많은 표를 받으면서 입후보 자격을 얻었으며 메인주에서 입후보에 성공한 최초의 여성으로 이름을 남긴다. 라마체는 2004년 선거에서 녹색당 부통령 후보로 출마했다.

팬데믹이 대학교에 미치는 영향

버지니아 브래킷

　미국의 주립대학교는 코로나바이러스감염증-19를 계기로 반드시 변한다. 한때 나라의 인재를 기르던 교육의 장은 대중의 접근성이 감소하면서 의미가 퇴색했다. 등록금이 치솟고 정부 지원이 줄었기 때문이다. 안 그래도 부실한 교육 기관은 학생을 모으기 위해 경쟁하면서 악순환에 빠졌다.

　팬데믹의 등장은 판을 완전히 뒤흔들어 놓을 것이다. 주립대학교가 단순히 목숨을 부지하는 데서 그치지 않고 다시 한번 전성기를 누리려면, 출혈 경쟁은 그만두고 힘을 합쳐야 한다.

　왜 주립대학교가 오래전부터 서서히 쇠퇴했으며 코로나바이러스감염증-19와 같은 위기에 유독 취약한지 이해하려면 잠깐 과거를 되짚을 필요가 있다. 지금부터 할 설명을 제대로 이해한다면 주립대학교의 역사를 파악할 배경지식을 얕게나마 갖출 수 있을 것이다. 미국 교육 체계를 변화하는 국가 가치에 맞추어 안정적이고 믿을 수 있는 형태로 혁신해야 한다는 주장의 맥락까지 알 수 있다.

정부가 본격적으로 주립대학교를 지원한 시점은 모릴 토지 단과대학 법안을 제정하면서부터다. 지식인을 양성하는 사립대학교는 수십 년 전부터 있었다. 하지만 이러한 수준 높은 사립대학교가 사람을 이끄는 기술을 가르치고 전문가, 정책 입안자, 입법자를 배출하는 장소였던 반면, 주립대학교는 농업과 공예에 집중했다.

지방 사람들도 대학 교육을 원했고 이러한 필요에 부응해 캔자스 주립대학교처럼 각 지역의 이름을 딴 토지 공여 대학교가 우후죽순 생겨났다. 캔자스 주립대학교와 같은 '플래그십' 주립대학교는 종종 도시에도 교육 서비스를 제공했다. 이후 주 정부는 한 학교가 여러 도시에 캠퍼스를 세우는 체계를 개발했는데, 일리노이 주립대학교가 스프링필드, 시카고, 어바나 샴페인에 있는 이유가 여기에 있다.

또한 학사학위를 제공하지 않는 대신 희망자만 2년 동안 학위 수여 프로그램을 이수한 다음 편입해서 학위를 취득할 수 있도록 하는 2년제 전문학교가 생겨나 지역 사회에 도움을 주었고 카운티는 세금으로 해당 학교를 지원했다. 주립대학교 체계가 전성기를 누리면서 주립대학교에서 학사학위를 취득하려는 학생이 점점 많아졌다.

4년제 대학교는 학생의 요구를 수용하고 더 많은 학생을 받기 위해 학교 수준을 여러 단계로 나누었다. 중위권 대학은 입학 기준을 낮추었는데, 일부는 중위권 대학이 상위권 대학보다 교육의 질이 떨어진다고 주장하기도 한다. 모두를 위한 교육이라는 아메리칸드림이 부풀면서, 주립대학에 등록하는 학생 수도 늘어났다. 1960년대 중반에는 360만 명이었지만, 2000년대 초반에는 1200

만 명으로 4배 가까이 늘어났다. 21세기까지 캘리포니아대학교 체계는 11개의 캠퍼스로 나뉘었으며 캘리포니아 주립대학교 체계는 23개의 캠퍼스로 세분화되었다. 한 주에만 34개의 대학교라니! 주립학교는 지원금을 받고 학생을 확보하기 위해 점점 치열하게 경쟁했지만, 별문제는 없었다. 당분간은 말이다.

2008년으로 넘어가면서 경기 침체가 만연했고 정부 지원금이 급격하게 감소했다. 대학은 연구비와 학생당 교육경비를 크게 줄이고 등록금을 크게 인상하는 결정을 내렸고, 학생이 떠안는 부담은 절정으로 치달았다. 2000년대에는 대학의 등록금 수입이 국가 지원금보다 많다고 응답한 주는 3곳이었지만, 2012년에는 24개 곳으로 늘어났다. 학생이 받는 정부 보조금은 23% 이상 감소했다. 같은 기간 동안, 4년제 주립 대학교 등록금은 27% 증가했다(모두 물가 상승률을 고려하지 않은 수치다).

불황 이후 임금이 떨어지고 빈곤율이 상승하는 와중에 저소득층 학생의 대학 진학률은 올랐다. 연방정부 입장에서는 대학에 주는 보조금이 상당한 부담으로 작용하는 상황이다. 1970년대 이전에는 주립대학교에서 학위를 받는 데 필요한 비용 증가율은 물가 상승률보다 낮았지만, 1970년대부터 2013년까지는 물가 상승률보다 3배 이상 높았다. 4년제 대학교는 1900%, 2년제 대학교는 1600% 오른 셈이다. 오늘날 대학 진학률을 낮추는 가장 큰 원인은 당시 불황 때문에 줄어든 중산층이 회복하지 못했기 때문이라고 볼 수 있다.

일부는 제 살 파먹기식 경쟁을 유발한 원인이 주립대학교 행정에 낀 '거품'이라고 생각한다. 1985년도부터 대학교의 순위를 매긴

〈유 에스 뉴스 앤 월드 리포트〉가 문제라는 주장도 있다. 이 순위는 대학이 학업 수준과 순위를 높이기 위해 지출을 늘리는 데 일조했다. 예를 들면, 성적 장학금 정도가 있겠다. 대학 진학을 희망하는 학생 수는 적고 대학 사이의 경쟁은 지나치게 치열했다.

결국 대학은 값비싼 미끼를 던지며 학생을 유인했다. 첨단 도서관, 호텔처럼 꾸민 기숙사와 같은 '비싼 재화' 말이다. 입학 성적은 더 낮아졌다. 학업에 흥미가 없고 자퇴할 가능성이 큰 학생을 확보하기 위해서다.

대학끼리 교류하거나 기업이 대학을 인수하는 등 체계가 변할 때가 되었다는 신호가 나타났다. 대학 사이의 교류는 적극적으로 진행되지는 않았지만, 기업은 이미 사업의 일환이라는 그럴듯한 이유로 이미 개입해 있었다.

2020년 팬데믹 이전의 사업 관행은 주립대학교를 일종의 상품으로 취급하는 모형이었다. 학생은 고객이고 대학교는 다양한 방식으로 마케팅하는 판매자였다. 학위를 취득하는 과정은 쇼핑과 비슷했다. 마트에 들어온 소비자가 최대한 빨리 카트를 채우고 나가는 모습과 크게 다르지 않았기 때문이다. 학문을 위한 교육은 사치라는 생각이 유행했고 학과는 교육 프로그램을 학생의 월급을 보장할 수 있도록 바꾸었다.

교육의 사업화 모형은 큰 성공을 거두지는 못했다. 네모난 말뚝을 둥근 구멍에 억지로 밀어 넣으려고 애쓰는 일과 비슷했다. 하지만 교내에 패스트푸드점과 프랜차이즈 서점을 세우면서 캠퍼스로 기업을 초대하는 일에는 성공했다. 급여, 인력, 유지 보수 서비스를 포함한 여러 부분을 용역으로 해결했다.

민간 기업도 대학 연구의 중요성을 역설하며 대학의 자금난을 돕겠다며 줄을 섰다. 이러한 흐름은 초기까지만 해도 내학 연구로 고급 지식을 보급하여 지역 사회에 이득을 주는 방향이었다. 하지만 연구의 결실이 즉시 특허로 넘어가기 시작하면서 '모두의 이익'이라는 말은 단순히 허울 좋은 소리로 변했다.

기업은 대학교에 관련 학과를 신설하면서 고등 교육을 바꾸어 놓기 시작했다. 당시까지 전공이라고 하면 언어, 예술, 건축, 수학, 과학, 역사, 철학 정도였다. 시간이 지나면서 교육이나 경영과 같은 분야의 학과가 생겨났고 기존 학과의 지식을 쉽게 가르치면서 학위를 제공했다. 기업은 교육 기관에서 오랫동안 무시했던 스토리텔링 광고를 활용하면서 완전히 대학에 뿌리를 내렸다. 이야기를 어떻게 만들고 이용해야 제품이 선택의 자유를 비롯한 사용자가 중요시하는 가치에 부합하며 꼭 필요하다는 사실을 역설할 수 있는지 알았기 때문이다.

그렇다면 왜 대학은 기업과 본격적으로 손을 잡고 입지를 키우지 않을까? 코로나바이러스감염증-19는 비상조치가 영구적인 해결책이 될 수 있다는 사실을 보여주면서 대학의 선택을 강제할 것으로 보인다.

대학과 기업의 협력은 이미 진행 중이다. 의료 기관에서 대학생을 교육하는 협약도 여기에 속한다. 비용을 절약하고 위험성을 낮추는 체제라고 할 수 있다. 미래의 대학생은 입사를 희망하는 기업이 운영하는 훈련 프로그램과 대학교를 찾아 등록할지도 모른다.

아마 모든 강의는 온라인으로도 수강이 가능할 것이다. 지금도 많은 학생이 온라인으로 강의를 듣는 고등학교도 마찬가지다. 기업은 기술이 발달하면서 생긴 정보 격차를 완화할 수 있다. 인터넷에 접속할 수 있고 필요한 장치를 구매한 사람만 온라인 강좌를 듣는다는 사실을 생각해보자. 재미있게도 대기업은 정보 격차를 깨뜨리고 고등 교육 서비스를 평등하게 분배하는 역할을 수행한다.

기업은 자격증이 있는 근로자를 선호한다. 특정 분야의 훈련을 받았다는 사실을 증명하기 때문이다. 기업 사이에서 특정 분야의 인증서는 평범한 대학교 학위보다 가치가 높기도 하다. 자격증은 사람들을 훈련 기관으로 끌어들여 평생 노동자의 삶을 살도록 유도하는 제도이기도 하다. 기업은 노동자가 뼈를 묻는 곳이 되어서는 안 되며 재정 지원이 필요한 대학과 협약을 맺어 배움의 기회를 제공하는 등의 조치를 해야 한다.

대학은 노후화를 자초했으며 대기업에 인수당할 위기에 놓였다. 상황을 타개하려면 어떻게 해야 할까? 오랫동안 이어진 경쟁 구도를 버리고 함께 힘을 합쳐서 살아남는 전략이 필요하다. 위기라는 사실을 인정하면 4년제 대학끼리 서로 뭉칠 수 있다.

각자의 자원을 나누어도 좋다. 인기 전공 연계, 교수진 교류, 행정 구조 공유 따위가 있겠다. 작은 대학이 일부 과를 전문화하고 큰 대학의 대학원과 연계하는 식으로 지원해도 좋다. 주 전체의 주립 대학을 모두 담당하는 등록금 지원 사무소 따위의 시설을 운영해도 예산을 절약할 수 있다. 체계가 변하는 만큼 교육 방식과 학생의 선택지 역시 기존과 달라진다.

팬데믹을 계기로 급하게 받아들인 온라인 수업 체계는 이미 효과를 입증했다. 온라인 강의가 대면 강의보다 효율성이 떨어진다고 생각하고 질 좋은 온라인 강의를 제공하지 않은 대학은 살아남을 수 없을지도 모른다. 미래에는 유명 교수 한 명의 온라인 강의를 여러 대학교와 대학원에서 들을 수도 있다. 시험을 진행하거나 성적을 평가하는 일은 각 학교의 대학원생이나 교직원에게 맡기면 되는 부분이다. 코로나바이러스감염증-19 때문에 학생들이 강제로 온라인 강의에 적응하면서 상위권 대학교의 시간제 등록이 늘고 이에 따라 중위권 대학은 규모를 줄이면서 더 적은 인원을 받으리라는 씁쓸한 예측까지 해 볼 수 있다.

팬데믹을 계기로 입학시험, 대입 준비, 학생 평가 과정에서 지나치게 많은 시간과 비용을 투자한다는 사실이 다시 주목을 받는다는 점에서도 변화의 씨앗이 보인다. 코로나바이러스감염증-19 때문에 격리 조치가 내려진 상태에서는 시험을 치를 수 없기에 많은 대학교에서 SAT나 ACT 성적을 요구하지 않을 것으로 보인다.

앞날을 내다볼 줄 아는 대학이라면 학생을 평가하는 자체 프로그램 개발에 모든 힘을 쏟을 가능성이 높다. 학생의 자질을 평가하는 기존 시험의 필요성을 제거하고 비용을 절약하게 하는 효과를 불러올 것이다.

학생의 선택지에서 달라진 부분을 더 꼽자면, 자신의 관심사를 찾기 위해 고등학교 졸업 이후 '갭 이어'를 갖는 사람이 늘어날 것 같다. 이는 앞으로의 대학 생활을 더 잘 활용하는 결과로 이어질 가능성이 높다. 지금까지의 4년제 프로그램은 3년제로 축소될 수 있다. 12개월이 줄어드는 만큼 여름 방학도 함께 없어질지도 모른다.

마지막으로 가상 수업 체제가 성공을 거두면 자연스럽게 오프라인 수업이나 기숙사의 비중은 줄어든다는 사실을 생각해보자. 지금까지 경제 형편이 넉넉하지 않은 가정의 자녀는 나중에 진로를 바꾸더라도 대부분 학비가 저렴한 지역 전문 대학교로 진학하는 사례가 많았다. 하지만 대학이 가상 수업 체제로 전환하면 기숙사에 들어가는 학생이 줄어들고 자연스럽게 교내 생활을 할 기회를 잃어버리게 된다. 신입생의 기숙사 생활은 10대 청소년이 성년으로 거듭나는 일에 많은 영향을 미치는 경험이다. 단순한 직업 교육을 배우는 학교라도 이러한 사회화 과정에서 실제 세상으로 나갈 준비를 하는 것과 하지 않는 것은 큰 차이가 있다.

특정 전공의 선호도 역시 변할 것 같다. 9.11사건 이후에도 같은 변화가 있었기 때문이다. 테러 이후에는 형사행정학이나 범죄수사학 같은 보안 학과의 수요가 상승했다.

이번 팬데믹은 어떤 변화를 불러올까? 더 많은 과학자 꿈나무가 나타날까? 우리가 '필수' 전공으로 생각하는 간호학과 같은 학과의 수요가 줄 수는 있다. 현재 의료직은 본인이나 가족에게 몹시 위험한 직업이며 재학 중에 기대할 수 있는 지원금도 적다.

모든 대학의 고충을 전부 해결하는 방안은 아니지만, 다른 대학 혹은 기업과 협력하면 더 많은 선택지를 제공할 수 있으므로 변화에 대처하기 쉽다. 이러한 조치는 대학의 가치 중 하나인 개성의 상실로도 해석할 수 있다. 하지만 연대를 통해 재정 상태를 정상으로 돌려놓을 수 있다면 독립성을 희생하는 선택을 내리는 것이 맞다.

코로나바이러스감염증-19가 문화에 어떤 장기적 영향을 미칠지는 알 수 없지만, 필요가 변화의 어머니라는 사실은 자명하다. 팬데믹에 적응하려는 과정에서 대학의 모습이 모두에게 좋은 방향으로 변하기를 바란다. 18년이 지나면 코로나바이러스감염증-19 세대가 성인이 되어 삶의 의미를 찾는 여정을 떠날 것이다. 우리가 혁신한 대학 체계를 잘 이용했으면 한다.

┌ 저자 정보 ┐

버지니아 브래킷 박사는 경영학, 의료공학, 영어학 학위가 있다. 15권의 책을 출판했으며 수십 권의 기사와 이야기를 썼다. 2019년에 쓴 회고록《Company of Patriots》는 아버지의 군 복무, 한국에서의 죽음, 가장의 빈자리가 가족에게 미친 영향을 담은 책이다.

코로나바이러스감염증-19와 홈스쿨링

······○ 셰릴 우드러프 브룩스

내가 이 주제를 선택한 이유는 많은 미국인이 팬데믹 때문에 홈스쿨링을 하기 때문이다. 간만에 가족끼리 오붓한 시간을 보내는 집도 있겠지만, 아이를 돌보고 가르치는 일 때문에 골머리를 썩는 집도 있다. 맞벌이 등 여건이 좋지 않은 부모들이 후자에 해당하겠다. 사랑하는 자식을 보살피고 손을 씻기며 직접 만든 음식을 먹이고 일까지 처리하려면 몸이 열 개라도 모자란다. 함께 공교육의 역사를 가볍게 알아보고 나면 홈스쿨링을 색다른 시선으로 볼 수 있을 것이다.

홈스쿨링의 역사는 꽤 오래전으로 거슬러 올라간다. 홈스쿨링은 거의 1000년 동안 인간 사회의 표준이었다. 미국의 홈스쿨링 문화는 식민지 개척자인 청교도로부터 유래했는데, 어머니나 아내가 성경 교리를 알려주는 식이었다. 곧 청교도들은 모든 가정에서 교리의 핵심 가치를 가르치는 공교육 개념을 떠올렸다. 칼뱅주의 신학으로는 원시 침례교 혹은 개혁침례교, 장로교, 개혁교, 통일 그리스도교, 프로테스탄트교가 있다. 가정마다 교육 방식이 달랐으므로 1600년대와 1700년대에 이렇다 할 교육 체계를 활용했는지 알기는 어렵다. 가정교사를 고용할 여유가 있는 부유한 가족을 제외하면 말이다.

최초의 공교육 체계는 특수목적고등학교의 형태로 등장했다. 미국 최초의 무료 공립학교는 1635년 4월 23일, 보스턴 매사추세츠에서 문을 열었다. 보스턴 라틴 스쿨이라는 이름의 남학교였는데, 운영비는 세금으로 충당했다. 설립 목적은 남성의 대학 진학을 돕기 위함이었고 라틴어, 그리스어, 인문학을 위주로 가르쳤다.

10년 후 1647년, 매사추세츠만 식민지의 주의회는 50명 이상의 아이가 사는 마을마다 초등학교가 반드시 하나는 있어야 한다는 법을 통과시켰다. 초기 정착민은 소년을 학교로 보내 양질의 교육을 받게 했고 이들을 미국 최초의 지식인 지도자로 키워냈다.

지적 차별이라는 개념을 아는가? 미국독립혁명이 벌어지던 1779년, 토머스 제퍼슨은 '노동자와 지식인'이라고 부르는 이분법적 교육 체제를 제안했다. 학업 성취도가 높은 학생에게 더 많은 지원을 하는 대신, 그렇지 않은 학생은 방치하는 제도다. 재능이 없는 아이들은 육체노동자의 길을 걷도록 장려했다. 당시에는 그 어떤 직종보다 농사 기술을 익힌 농부가 필요했다.

제퍼슨은 자신이 제안한 교육 체계를 세금으로 운용해야 한다고 주장했다. 미국 지방 정부는 17세기부터 재산세를 든든한 자금

공급원으로 삼고 있었으며 재산세를 끌어다 쓰는 일에 전혀 거리낌이 없었다.

당시에는 부진아를 도태시키는 대신 함께 이끌어야 한다는 생각이 없었고 나라가 성장하려면 노동자가 꼭 필요했기에 제퍼슨의 제안은 수용되었다. 이제 인재를 찾아내어 집중적으로 교육하는 일만 남았다.

가난하고 종교가 없는 시민은 공장 노동자를 양성하는 공립학교에 다녔다. 1800년대는 미국에서 제일 큰 산업이 변화를 맞이한 시기다. 1805년, 뉴욕 공립학교 협회 소속 학교들은 교실마다 비전을 불어넣었다. 한 교실에 100명의 학생을 배정하고 조교법에 따라 교육했다. 교실에서 가장 중요하게 생각한 가치는 근면한 공장 노동자를 양성하는 데 꼭 필요한 요소라고 생각한 순종과 절제였다.

당시 7만 5770명이던 뉴욕 인구 중 교사는 141명에 불과했다. 대부분은 사립학교에서 교편을 잡았지만, 일부는 무료 흑인 학교, 교회에서 운영하는 자선 학교, 1802년 빈민구제 부녀회가 세운 여자학교에서 근무했다. 약 100명의 어린이가 로마 가톨릭 학교, 86명이 트리니티 교회 학교, 70명이 네덜란드 개혁교회에서 운영하는 학교에 다녔다. 이러한 학교는 학생을 차별하지 않고 받았다. 하지만 종교 단체의 학교에서는 읽기, 쓰기, 산술도 중요하지만, 종교 가치를 가장 강조해서 교육해야 한다고 생각했다.

얼마 지나지 않아 통일 공교육 체제가 태동했다. 1830년 무렵,

거의 모든 남부 주는 노예가 글을 배우거나 학교에 다니는 일을 금지하고 있었다. 아프리카계 미국인 중 엄청난 위험을 무릅쓴 5%만이 글을 배웠다. 이민자가 늘어나면서 제조업이 성장했고 정치인과 공무원이 교육 체제를 혁신하면서 교육은 다시 뜨거운 감자로 부상했다. 관계자들은 지역 사회를 끌어들여 무료 학교의 운영 방식을 바꾸려했다.

교육 개혁에 참여한 핵심 인물은 헨리 바너드와 호레이스 만이었다. 1849년에는 매사추세츠 대법원이 인종에 따라 학교를 분리하는 행위가 정당하다는 판결을 내린다. 19세기 후반, 짐크로 법이 통과되면서 미국 남부는 합법적으로 교육의 인종 차별을 행했다. 1852년, 매사추세츠주는 최초의 의무교육 제도를 내놓았으며 1918년 이후에는 모든 미국인이 반드시 초등학교에 다녀야 했다. 흑인은 1960년대까지 거의 모든 백인 학교에 발을 들일 수 없었다.

홈스쿨링은 1970년대에 불법이 되었다. 미시시피는 자녀를 학교에 보내지 않은 부모에게 벌금을 물리는 제도를 가장 먼저 도입했다. 베트남 전쟁 이후 보수와 진보를 바라보는 미국인의 가치관이 변했고 이에 따라 시민, 지도자, 교육자, 개혁가들은 교육 체제를 다시 한 번 손본다. 밀턴 가이터는 자신의 저서, 《홈스쿨: 미국의 역사》에서 이렇게 말했다.

지역, 정통, 개인을 중시하는 흐름과 진보 기득권을 바라보는 경멸의 시선을 생각하면, 체제를 바꾸려는 사람들이 좌우를 막론하고 각자의 이유로 20세기 공교육 확장에 반기를 들었다는 사실이 그렇게 놀랍지만은 않다.

교육 개혁자, 존 홀트는 1970년대를 기점으로 불법화된 홈스쿨링을 부활시키기 위해 온갖 수를 썼다. 교육 이론가이자 학교 개혁 지지자 홀트는 학교에서 반복 숙달을 지나치게 강조한다고 주장했으며 당시의 교육 체제가 순종하는 노동자를 양성하는 제도, 그 이상도 이하도 아니라고 생각했다.

교육 체제의 영향을 가장 많이 받은 곳은 도시 지역이었다. 오늘날 홈스쿨링으로 교육을 받은 아이 대부분이 아프리카계 미국인인 이유도 여기에 있다. 자신의 자녀가 다른 인종의 아이들과는 달리 미래를 대비할 수 있는 적절한 교육을 받지 못한다고 느꼈기 때문이다.

홈스쿨링은 신세대에게 더 나은 선택지일까? 미국의 공교육은 자유로운 사고를 제약하여 미국뿐 아니라 세계를 이롭게 하는 신선한 발상과 발명이 탄생하는 일을 막는다. 역사를 돌아보면, 미국은 지금까지 산업에 도움을 주는 방식으로 공교육 제도를 수정했으며 이 과정에서 학생의 창의성을 높이는 일은 크게 중요하지 않았다.

3세계 국가에서도 어린아이가 창의력, 예술, 놀이를 과학 지식과 결합하여 실생활 문제를 해결한 사례를 확인할 수 있다. 아이의 숨통을 막는 일을 멈추고 마음껏 가능성을 펼치도록 허락한다면, 지금까지 인간이 발명한 이기는 단지 시작에 불과하다는 사실을 깨달을 수도 있다. 우리가 뇌 일부만 사용하는 이유도 더 많은 부분을 쓰도록 자극받지 않았기 때문일지도 모른다.

오늘날 과거에는 상상할 수도 없는 방법으로 홈스쿨링을 할 수 있는 기술이 있으며, 그 효과는 이미 증명이 끝났다. 예산이 부족할 때 제일 먼저 생략하는 과목인 음악이나 미술과 같은 과목도 가르칠 여지가 있다. 음악과 미술은 자라나는 아이의 정신 건강에 큰 영향을 미친다. 게다가 과학, 기술, 공학, 수학과 시너지 효과도 기대할 수 있다. 인문학과 교양 과목도 홈스쿨링으로 해결이 가능하다. 사교 활동은 상황에 따라 적절히 조정하면 되는 문제이며 특별 활동 역시 아무 지장 없이 즐기게 할 수 있다.

교육의 핵심 가치가 퇴색하고 아이의 학습을 방해하는 요소가 계속 등장하면서 우리의 교육 체계는 마비 상태에 이르렀다. 지금까지 교육자로 일한 내가 볼 때, 휴대폰에 의존하고 행동 문제를 겪으며 특별 관리가 필요한 아이가 넘치는 현재 상황은 확실히 과거와 다르다.

선생은 모든 아이가 저마다 문제를 안고 있다는 사실을 인지하고 교육할 의무가 있다. 자녀를 학교에 보내는 대신 홈스쿨링으로 키운다면 교육세를 적게 납부하거나 아예 내지 않아야 이치에 맞지 않을까? 많은 미국인이 팬데믹 동안 아이를 홈스쿨링 하느라 진땀을 빼고 있으리라 확신한다.

하지만 많은 무료 공립학교에도 교육의 위기가 찾아왔다. 이제 교실에서 종교, 도덕, 핵심 가치를 가르치지 않기 때문이다. 집이든 학교든 아이에게 반드시 알려주어야 하는 것들이다.

┌ 저자 정보 ┐

셰릴 우드러프 브룩스는 경영학 석사와 문학 석사를 취득했다. Nilaja Publications
의 CCO로 재직 중이다. 글로우 북 엑스포 창립자이자, 작가, 연설가, 교육자, 가수,
각본가, 마케팅 담당자이기도 하다. 《Chicken Bone Beach: A Pictorial History of
the Established Missouri Avenue Beach》, 《Golden Beauty Boss: The Story of
Madame Sara Spencer Walker & the Apex Empire》를 썼다.

박물관과 미술관이 코로나바이러스감염증-19에 적응하는 방법

╌╌o 셰릴 우드러프 브룩스

우리가 집에 갇혀 있는 동안 세계의 박물관과 미술관은 수익이 감소하면서 엄청난 피해를 보고 있다. 코로나바이러스감염증-19는 많은 업계에 살아남고 싶으면 온라인 쇼핑, 인공 지능, 디지털화, 가상현실과 같은 대체 플랫폼을 개발하라는 메시지를 보내는 중이다.

여기서 의문이 하나 생긴다. 문화 기관이 현재 상황에 적응하기 위해 새로운 체제로 전향하면 소비자의 입맛을 만족시킬 수 있을까? 박물관과 미술관이 위험한 팬데믹을 이겨내고 입지를 지키려면 최대한 빨리 변화를 시작해야 한다. 보건 전문가들이 백신이나 확산을 막을 다른 방법을 개발할 때까지는 다른 방법으로 관객에게 서비스를 제공할 필요가 있다.

현재 공공장소라면 전부 재정 타격을 받고 있으며 특히 미술관과 박물관은 피해가 유독 막심하다. 뉴욕에 있는 많은 문화 기관과 박물관의 운영책임자는 적자를 예상하고 직원을 일시 해고하거나 급여를 삭감하면서 발 빠르게 대처에 나섰다.

관련 회사들은 억대 연봉을 받던 고위 간부의 연봉을 깎았다. 일부 간부는 직원 급여 문제로 어려움을 겪는 회사를 위해 무급으로 일하는 결정을 내리기도 했다. 〈뉴욕포스트〉에 따르면, 구겐하임 미술관 관장 리처드 암스트롱은 팬데믹에 대처하기 위해 연봉 9600만 원 이상 직원의 급여를 삭감한다고 발표했다.

또한 약 120억 3500만 원의 수익 감소를 예상함에 따라, 92명의 직원을 일시 해고할 계획이라고 밝혔다. 휘트니 미술관은 최근 직원 76명을 일시 해고했으며 관장 아담 바인베르크는 최근 소득 신고 내용을 참고하여 인건비를 약 13억 402만 2338원 삭감할 생각이라고 알렸다.

온라인 경험의 부상으로 주목받는 문화 기관의 치유 효과

코로나바이러스감염증-19는 많은 시설을 파괴하고 경제 재난과 사회적 고립을 불러왔다. 인류는 평화와 위안을 절실히 바라고 있다. 우리는 팬데믹을 계기로 예술이 왜 사회에 꼭 필요한 존재인지 뼈저리게 느꼈다. 현재 가상 경험을 제공하는 문화 기관은 기존 수요를 끌어모으면서 엄청난 인기를 끌고 있다. 소셜 미디어와 인터넷을 활용한다는 창의적인 발상 덕분에 많은 사람에게 즐거움을 안겨 줄 수 있었다.

과학관 같은 경우, 특정 동물이 관람객이 되어 텅 빈 박물관을 돌아다니며 다른 동물과 어울리는 영상을 올리는 식으로 가상 관람 서비스를 제공한다. 코로나바이러스감염증-19 감염자가 늘어났다는 소식을 듣는 일에 진절머리가 난 사람들은 인터넷에 접속해서 기분을 전환할 수 있을 것이다.

온라인으로 박물관과 미술관을 찾는 사람은 세계에서 급격하게 늘어났다. 유명 박물관 수백 개의 가상 관람 서비스를 제공하는 구글 아트 앤 컬처 웹사이트는 최근 몇 주 동안 트래픽이 상당히 증가했다. 대영박물관 온라인 전시관의 방문자 수는 하루 7만 5000명이 넘는다. 코톨드 갤러리 가상 관람 서비스의 지난주 사용자는 지지난 주 대비 723% 증가했다.

일부 문화 기관과 단체는 코로나바이러스감염증-19가 우리를 집에 가두기 몇 년 전부터 기술을 활용해 문화 접근성을 높이는 작업을 시작했다.

구글을 생각해보자. 증강현실, 가상현실, 인공지능 기능을 활용한 오락을 내놓은 대표적인 회사다. 구글 아트 앤 컬처는 사용자가 자신의 사진을 찍어 올리면 세계의 박물관에서 비슷한 얼굴의 그림을 찾아주는 아트 셀피와 같은 다양한 앱을 제공했고, 상당히 높은 평가를 받았다.

스위스 현대 미술관 하우저 앤 워스도 온라인 서비스에 집중했는데, 가상 관람실 방문자는 지난달에만 20만 명이 넘는다. 팬데믹은 박물관과 미술관이 새로운 기술을 적용한 플랫폼을 시험 제공하고 반응을 살피는 계기로 작용한 셈이다.

대중의 신뢰를 받는 박물관

박물관도 많은 사람이 모이는 공공장소이므로 대중에게 문을 열기 전 만반의 준비를 해야 한다. 미국 박물관 연합은 코로나바이러스감염증-19 봉쇄령이 해제되었을 때를 대비해 안전 지침을 강화했다. 미국 박물관 연합에 따르면, 대중은 박물관에서 제공하는 정보를 굉장히 신뢰한다. 나도 박물관에서 일한 경험이 있는 사람으로서 동감하는 부분이다. 펜실베이니아 허쉬에 있는 허쉬 박물관과 펜실베이니아 하원 기록원에서 근무하는 동안, 수집한 자료는 무엇보다 순수하고 온전해야 한다고 느꼈다. 역사는 '있는 그대로' 전시해야 한다. 자료를 오염시키거나 상상력을 덧칠해서는 안된다. 유일한 진실은 자료 그 자체다. 대중에게도 그대로 보여주어야 한다.

박물관에 대한 소비자의 신뢰가 깨지지 않는 이상, 팬데믹이 끝나는 대로 다시 관람객이 늘어날 것이다. 미국 박물관 연합에서 지역 사회가 박물관을 신뢰한다고 생각하는 근거는 다음과 같다.

▶ 인종, 나이, 거주지에 상관없이 98%의 미국인이 교육의 장이라고 생각한다.
▶ 미국에서 가장 믿음이 가는 정보 출처다. 지역 신문, 비영리 연구원, 미국 정부, 학술 연구원보다 신뢰도가 높다.
▶ 10억 개 이상의 자료를 보존하고 보호한다.
▶ 책, 교사, 친척이 들려주는 경험담보다 믿음직스러운 역사 정보를 제공한다.

디지털 전략이라는 신기술을 포용하다
박물관은 예전부터 자료를 21세기에 걸맞은 형태로 바꾸고 있었다. 미국 전역의 박물관 역시 디지털화 프로젝트를 꾸준히 추진했다. 지난 10년간 책과 각 분야 정상급 인재의 토론과 같은 자료를 디지털화하는 계획은 상당히 많은 관심을 받았다. 꽤 많은 디지털 박물관이 문을 열었으며 놀라운 기술을 활용해 미래를 선도하고 있다.

내가 인상 깊게 읽은 책 중에는 케어 와인스미스와 수세 앤더슨이 쓴《미래의 디지털 박물관: 대화와 도발》이 있다. 현대 박물관이 관객을 끌어들이려면 디지털 기술의 중요성을 인지하고 디지털 전시를 통해 사회, 경제, 문화 변화를 알려야 한다는 내용이다.

또한 영향력 있는 박물관 관계자, 사상가, 관련 분야 전문가의 치우치지 않은 대화를 통해 유럽, 미국, 호주, 아시아의 현대 박물관이 디지털 기술을 활용하는 방식까지 살펴볼 수 있다. 박물관이 시대에 뒤떨어지지 않기 위해 해야 할 일이나 박물관에 일어날 변화를 예상하고 대비하는 방법에 관한 토론도 제공한다.

문화 기관은 가상 관람 서비스로 직접 방문하는 것과 비슷한 만족감을 선사할 수 있을까? 팬데믹이 터지지 않았더라도 박물관과 미술관은 변화해야 했다.

나 같은 경우, 박물관과 미술관을 좋아하는 이유는 감각의 자극 때문이다. 나는 자료의 모습을 눈으로 보면서 매력을 느낀다. 화려한 건물 내부를 걸으면서 정교하게 보존한 수 세기 전의 물건을 감상하고 싶다. 예술품이나 물건에 얼굴을 들이밀고 표면의 붓질 자국과 흠집을 관찰하는 것도 좋아한다. 컴퓨터나 휴대폰으로는 내 감각을 충분히 자극할 수 없다.

미래에는 가상현실 관람만으로 충분할 것이다. 그때는 다른 선택지가 없을 테니까 말이다. 지금처럼 코가 닿을 듯한 거리에서 낯선 물건을 관찰하고 경험할 수 없는 세상은 상상하기 어렵다. 하지만 인간은 진화하고 적응하는 역동적인 존재다. 끊임없이 변하는 세상에서 살아남으려면 유연하게 환경에 맞추는 방법밖에 없다.

새로운 아동기 부정적 경험:
사람들을 집에 가둔 코로나바이러스
감염증-19가 아동에 미친 영향

ㅇ윈 킨더

　지금은 생각을 다듬고 우리가 잘 알고 있다고 생각하는 것을 다시 성찰하기 좋은 때다. 많은 어린이가 눈이 오는 날과 여름을 좋아한다. 아마 매일 눈이 내리고 여름이 끝나지 않기를 바랄 것이다. 아이 입장에서 학교는 안 가는 날이 많을수록 좋다.

　나는 초등학교 교사다. 옛날에는 휴가나 주말을 보내고 학교로 돌아오면 몹시 즐거웠다. 수업은 잠시 제쳐 두고 아이들에게 쉬는 동안 무슨 재미있는 일을 했는지 물어보면서 수다를 떨었기 때문이다. 하지만 이야기보따리를 푸는 아이는 정해져 있었다. 일부는 언제나 침묵을 지켰다. 나는 이런 아이들이 또래의 행복한 경험담을 들으면서 상처를 입었다고 생각한다.

　안락하고 친밀하며 삶의 기회를 주는 가족은 누구나 가질 수 없는 부러운 특권이었다. 영화를 보거나 롤러스케이트를 타거나 식당에서 밥을 사 먹는 일을 감히 바라지 못하는 학생도 있었기 때문이다.

남몰래 품은 꿈을 추구하는 것도 마찬가지였다. 그 대신 학교를 마치고 집에 가면서 함께 자는 형제자매들이 오늘 밤에는 시끄럽게 잠꼬대하지 않기를 바랐다. 겨울에 담요를 넉넉하게 덮고 자기를 바랐다. 끊긴 전기가 들어오고 파워 팩스 프로젝트(미국의 음식 봉사 단체)에서 받은 음식을 다 먹고 나서도 배를 곯지 않기를 바랐다.

밖에 나가 노는 일은 사치였다. 나는 일부 아이들이 어떻게 생활하는지 자세히 안 뒤로는 학교 밖에서 있었던 일에 관하여 이야기하는 일을 그만두었다. 조례는 마음챙김 명상을 하고 건강한 간식을 나누어 먹으며 함께 교실에서 할 수 있는 활동을 브레인스토밍하는 시간으로 바꾸었다.

코로나바이러스감염증-19는 사회 전반에 심각한 피해를 주었다. 지역 사회는 물론이고 아이들이 격리하는 장소인 가정 역시 마찬가지다. 격리 기간의 경험은 앞으로의 인생에 심오하고 지속적인 영향을 끼칠 것이다. 팬데믹은 웬만하면 좋은 기억으로 남겠지만, 이미 학교에 안 가는 주말이 악몽 그 자체인 아이들은 2020년의 봄을 자신의 인생을 망친 끔찍한 시기로 기억할지도 모른다.

무슨 말이냐고? 1990년대에는 어린 나이에 역경을 겪은 사례에 관한 연구가 유행했다. 최초의 아동기 부정적 경험 연구는 밥 안다와 빈스 펠리티가 1998년에 진행했다. 해당 연구는 18세 이하의 어린 나이에 정신적 충격을 받으면 이후 질병과 같은 위험 인자에 노출되기 쉽다는 사실을 시사했다. 당시에는 아동기 부정적 경험을 학대, 방치, 역기능 가정이라는 3개의 주제 아래 총 10가지 유형으로 나누었다. 이후, 시간이 지나면서 시대의 흐름에 맞도록 사회적 고립, 따돌림, 집단 폭행, 괴롭힘, 빈곤과 같은 유형을 추가했다.

초기의 아동기 부정적 경험 유형이 전부 아이들이 가정에서 정신적 충격을 받는 상황이라는 사실을 고려하면, 자택 대피령이 많은 아이에게 심각한 영향을 미친다는 결론이 나온다. 물론 가족의 입지, 경제적 안정도, 자식에 대한 지원, 가정의 보호 기능 여부, 보호자의 성격과 정신 상태, 가족 구성원의 스트레스 반응성, 개인의 능력 따위의 다양한 요소로 인해 달라질 수 있다.

요즘 소셜 미디어에서는 다음 내용과 비슷한 낙관론이 활개를 치고 있다. 게시자는 익명이며 심하다 싶을 정도로 올라오는 빈도가 높다.

팬데믹 동안 집에 갇힌 아이들이 학교에 다니지 못하면서 학업 성취 능력이 뒤처지는 대신, 우수한 성과를 내는 것은 아닐까?

공감 능력이 올라간다면? 어쩌면 창의력까지 키웠을지도 모른다. 형제자매와 함께 보내면서 인내심을 기르고, 단순한 것과 조용한 순간에 감사하는 방법을 익히고 다른 사람과 원하는 방식으로 상호작용하면서 읽기와 쓰기 능력까지 발달하지 않았을까?

가족을 위해 빨래와 요리를 하는 데 익숙해지지 않을까? 이웃에게 손을 흔들며 인사를 하고 자연스럽게 도움을 준다면? 자기 방을 치우고 용돈 기입장을 쓰고 시간표를 세워 생활하는 일에 능숙해지면 어떨까?

처음 글을 읽는 순간, 내 가슴은 가능성이 있는 이야기라고 속삭였다. 하지만 머리는 경험상 그렇지 않다는 사실을 알고 있었다. 누군가는 전 지구적 위기 속에서도 밝은 면을 볼 수 있는 모양이다. 굉장히 바람직한 자세다. 아동기 부정적 경험이 협동심을 길러주면 얼마나 좋을까? 하지만 내가 사는 지역 사회에서는 많은 아이, 십 대, 가족이 고통에 허덕이고 있다.

교육자, 학교 직원, 정신 건강 전문가, 지역 사회 단체가 집에 격리된 가정에 도움의 손길을 내밀고 있다. 일부는 연락을 주고받으며 다양한 방식으로 지원하는 데 성공했지만, 대다수는 고의든 아니든 고립 상태에 빠진 듯하다.

바꾸어 말하면 학교에 안 가는 주말 내내 가정에서 굶주리고 방치당하고 위험에 노출되었던 아이들이 더 많은 스트레스를 받는 어른과 함께 갇혀 있다는 뜻이다. 사회와 분리된 시간이 길어질수록 아이들이 받는 육체와 정신의 고통은 더욱 심해진다. 이는 호기심과 학업 성취에 대한 자신감을 잃어버리고 인간관계와 감정 조절에 미숙한 인간으로 자라는 결과를 초래한다.

인간은 생존을 최우선 순위로 둔다. 따라서 아이가 고난을 일상으로 인식하면 몸은 살아남기 위해 외부 환경에 많은 영향을 받는 뇌와 신경계의 성장을 멈추는 판단을 내린다. 슬프게 들리겠지만, 상처받고 정신이 퇴행하는 일을 계속 반복한다고 볼 수 있다.

이런 일에 도움을 주는 전문가로서, 우리는 다음의 일에 관련된 권한과 지원이 절실하다.

▶ 계속 도움이 필요한 아이에게 손을 내밀고 집에 격리된 아이

와 가족을 다양한 방식으로 돕는다.

▶ 가을에 학교로 돌아가서도 아이를 보살필 수 있도록 각자 치밀하게 준비한다.

▶ 모두가 심하게 상처받고 약한 아이를 능숙하게 품고 치유할 수 있도록 전략을 수립한다.

▶ 우리가 강하며 열정 있으며 학생과 가족을 전문적인 방법으로 도울 수 있다는 믿음을 준다.

2020년 팬데믹 때문에 집에 갇힌 아이들은 다양한 아동기 부정적 경험에 노출될 가능성이 높다. 우리가 지금부터 어떻게 하느냐에 따라 코로나바이러스감염증-19 팬데믹 이후 사회 모습이 달라질 것이다.

┌─ 저자 정보 ─┐

윈 킨더는 30년 동안 교편을 잡은 교육자다. 15년 정도는 직접 개발한 프로그램 웰니스 워크 인 스쿨을 활용해 마음챙김과 트라우마 치료에 집중했다. 여러 학교의 교육과정과 고누들의 마음챙김 채널에 참여했다. 저서로는 다이아네 카레르와 함께 한 《The Re-Set Process: Trauma-Informed Behavior Strategies》와 《Mindfulness for Kids》가 있다. 이스턴 메노나이트 대학교 대학원을 졸업했다.

코로나바이러스감염증-19, 변화의 도구: 새로운 시대를 여는 예술

ㅇ 매리앤 비켓

우리 가족은 지난여름에 타호호수로 여행을 갔다. 그때 찍은 사진을 볼 때마다 그때가 좋았다고 회상한다.

팬데믹은 우리를 완전히 뒤흔들면서 생활 방식을 바꾸도록 강제했다. 코로나바이러스감염증-19가 도래한 뒤 세상은 이상할 정도로 조용해졌다. 비행기, 차, 사람이 줄었기 때문이다. 덕분에 깨끗한 공기를 마실 수 있다. 지금의 위기는 교통 체제를 정비하기에 최적의 시간이다. 전염병의 위협을 막을 방도를 찾고 미래 계획을 세우느라 바쁘겠지만, 팬데믹을 계기 삼아 미루어 왔던 결정을 내리는 일을 잊어서는 안 된다. 필요한 변화라면 희생을 치르더라도 바꾸어야 한다.

내가 교편을 잡으면서 얻은 교훈이 하나 있다. 지속적인 변화를 원한다면 유대, 감정, 표현을 자극하며 시작해야 한다. 예술은 우리가 진화하고 의식을 확대하면서 발전하는 과정에 막대한 영향을 끼친다. 물론 예술 활동을 할 때 지성이 개입하기는 한다. 하지만 감정에 귀를 기울이지 않으면 세상을 제대로 볼 수 없다. 생텍쥐페리의 《어린 왕자》에는 이런 말이 나온다.

"사람은 오직 마음으로만 올바로 볼 수 있어…. 본질은 눈에 보이지 않아."

자크 쿠스토도 비슷한 맥락의 말을 남겼다.

"우리는 사랑하는 것을 지킨다…."

예술은 마음의 언어다. 나는 세상을 치유하고자 한다면 정신이 슬픔과 경험을 표현하는 방식인 예술을 이용해야 한다고 생각한다. 팬데믹을 계기로 정원을 꾸미는 사람이 늘어났다. 나는 이러한 유행이 우리가 사랑하는 것을 지킬 수 있다는 증거라고 믿는다. 코로나바이러스감염증-19는 마침 필요했던 변화의 원동력으로 작용했고 감정은 새로운 길을 개척하도록 우리를 자극했다.

남편과 나는 매일 도시 근처를 산책한다. 인도와 차도에 여러 가족이 함께 분필로 그린 그림을 보면서 걷는데 구경하다 보면 제법 재미있다. 자택 대피령 초기에는 신문에 시가 자주 실렸다. 나는 팬데믹이 닥치자마자 사람들이 예술에 의지하기 시작했다는 점이 흥미롭다. 음악가들은 세계인이 불안을 떨치고 위기를 이겨낼 수 있도록 힘이 나는 노래를 만들고 있다.

자택 대피령 첫 주에는 재미있는 영상이 하나 올라왔다. 노부부가 노래 가사를 코로나바이러스감염증-19 안전 수칙으로 바꾸어 부르는 모습이 담겨 있었는데 남편과 함께 보면서 신나게 웃었던 기억이 난다. 우리는 예술가든 아니든 예전에는 상상도 할 수 없던 방법으로 슬픔을 표현하고 웃음으로 승화한다. 팬데믹으로 착잡한 마음을 예술로 달래는 셈이다. 과거를 돌아보면, 재앙이 도래한 뒤에 새롭고 신선한 표현과 혁신이 나타났다는 사실을 알 수 있다.

흑사병은 르네상스 시대의 발판을 마련했다. 유럽 경제가 발전한 이유는 팬데믹에서 살아남은 사람이 더 높은 임금과 생활 수준을 요구할 수 있었기 때문이다. 노동력이 부족했기에 금속활자를 비롯한 기술이 발전했다. 병을 치료하고 예방하려는 노력 덕분에 제대로 된 의학이 꽃을 피울 수 있었다. 예술가들은 관찰에 집중했고 선 원근법과 비례의 개념을 정립했으며 자연주의를 강조했다. 르네상스는 말 그대로 재탄생의 시기였던 셈이다.

두 차례의 세계대전이 끝날 때마다 발명이 쏟아져나왔다. 제1차 세계대전에만 생리대, 화장지, 티백, 손목시계, 지퍼, 스테인리스강, 조종사 통신 시스템이 탄생했다. 혁신이 있으면 예술이 상상력의 경계를 넓힌다. 초현실주의 화가 폴 내시의 소름 끼치는 그림은 두 차례의 세계대전을 겪는 동안 자신의 눈에 비치는 영국 시골의 풍경이 어떻게 변했는지 생생하게 묘사하고 있다. 에런 코플런드가 1942년에 작곡한 〈보통 사람들을 위한 팡파르〉는 제2차 세계대전에 참전한 사람에게 바치는 헌정곡이었다. 나는 지금도 이 곡을 들을 때마다 슬픔과 위엄에 마음이 두근거린다. 내면 깊은 곳을 들여다보며 힘과 영감을 얻을 수 있도록 만드는 곡인 셈이다.

지나간 시대의 예술에는 잊으면 안 되는 이야기가 있다. 베트남 전쟁은 히피 운동과 평화를 바라는 음악 그리고 미국식 팝아트를 낳았다. 옛날 미술이나 음악을 감상하면 과거로 돌아가 당시의 분위기를 느낄 수 있다. 1960년대의 음악은 사람들의 이목을 끌고 변화가 필요하다는 사실을 널리 알리는 역할을 했다.

나는 히피족과 시위의 시대에 십 대였기 때문에 누구보다 잘 알고 있다. 그룹 피터 폴 앤 메리가 〈Blowin' in the Wind〉를 부르는 모습을 누가 잊을 수 있을까? 컨트리 조 맥도날드의 〈I Feel Like I'm Fixin' to Die Rag〉를 기억하지 못하는 사람이 있을까(One, two, three, four, what are we fighting for?이라는 가사가 있는 노래다)?

1970년대로 넘어가자. 닐 영은 오하이오 켄트 주립대학교에서 벌어진 총기 난사 사건 희생자를 기리는 〈Ohio〉를 작곡했다. 예시는 많아도 결론은 하나다. 음악을 포함한 모든 예술은 감정을 건드려 변화를 유발하는 기폭제다.

조니 미첼은 1970년대에 〈Big Yellow Taxi〉를 발표하며 "그대는 무엇을 가졌는지 모르네요. 사라지고 나면 알게 되겠죠"라고 노래했다. 많은 이의 가슴을 울린 노래였는데 지금 팬데믹의 상황과도 잘 맞아떨어진다.

코로나바이러스감염증-19는 덧없는 삶을 더 가치 있게 여기라는 교훈을 주었다. 전쟁, 지진, 화재, 전염병 같은 재앙이 일어날 때, 우리는 두려움을 사랑으로 승화시키고는 한다.

위기 상황에 숭고한 영웅이 나타나는 이유도 여기에 있다. 고난은 우리를 밑바닥까지 떨어뜨리기도, 최고의 모습으로 거듭나게 하기도 한다. 나는 예술이 인간에게 동기를 부여하며, 역경을 딛고 일어나는 데 큰 도움을 준다고 생각한다.

코로나바이러스감염증-19는 어떤 결과를 불러왔는가? 내 눈에는 심상을 표현하는 화가와 깨어난 세계에 대한 곡을 쓰고 노래하는 가수가 보인다. 우리는 변했고, 다시는 과거로 돌아갈 수 없다. 책을 생각해보자. 앞으로 등장할 소설, 논픽션, 시에는 팬데믹이 닥친 세상에서 겪은 몸과 마음의 고난이 담겨 있을 것이다.

인간이 지구에 지대한 영향을 미친다는 사실을 인정하고 예술을 통해 이를 열정적으로 알리면서 환경 위기를 해결하려 노력할 가능성이 높다. 예술은 우리를 하나로 만든다. 코로나바이러스감염증-19가 넘어설 수 없는 장벽이 아닌 도약의 발판이라는 사실을 깨우치게 한다.

내면에서 진리를 찾고 서로를 아끼며 사랑하기 위해 모든 형태의 예술이 필요하다. 먼저 상처는 잠시 잊고 무엇인가를 간절히 느끼고 해내고 싶다고 생각해야 한다. 최근 몇 년 동안 단 한 번도 경험하지 못한 방식으로 인간이 필멸의 존재라는 사실을 느꼈다. 우리가 지구에 미친 영향 때문에 멸종 위기에 놓인 수천 종의 동식물과 같은 처지가 된 셈이다.

노래와 그림으로 삼림벌채에 책임이 있는 자의 마음을 흔들 수 있다면, 바이러스가 처음으로 동물이 아닌 인간을 숙주로 삼은 곳의 주민을 교육하여 건강한 음식을 먹도록 설득할 수 있다면 미래의 팬데믹을 예방한 것과 다를 바가 없다.

우리가 벼랑 끝으로 내몰린 이유는 좁은 곳에 너무 많은 사람이 살았기 때문이다. 이제 모두가 긴밀하게 연결되어 있다는 사실을 깨달았으니, 나라끼리 더 적극적으로 협조하면서 해결책을 공유하고 교육과 자원을 지원하는 식으로 거주지를 재건하면 상황을 풀어나갈 수 있을 것이다.

앞날을 예상해보자. 예술은 세계 공통어로 자리 잡는다. 가사, 이야기, 춤, 음악, 그림, 조각은 세상의 슬픔을 담는다. 창작물은 미래를 재창조하려는 결단에 기름을 붓는 역할을 한다. 음악은 번

역이 필요 없고 국적에 상관없이 누구나 듣고 이해할 수 있으므로 신의 언어라고 불렀다. 예술은 그 무엇보다 우리를 하나로 만든다. 지금, 이 순간 창작 활동에 열을 올리는 예술가 중에도 미래에 세계인의 심금을 울리는 작품을 선보일 사람이 있다.

예술 작품은 낯선 시각으로 자신의 습관과 야망을 의심하게 만든다. 미래 세대는 우리가 즐기던 노래와 미술을 감상하며 팬데믹의 시기를 돌아보고 간절함에서 얻은 교훈을 곱씹는다. 조만간 예술과 발명은 새로운 국면을 맞이한다.

어쩌면 역사는 반복되지 않을지도 모른다. 최선을 다해 앞으로의 참사를 예방하려고 노력하면 같은 실수를 저지르는 일을 막을 수 있을지도 모른다. 나는 예술의 새 시대가 도래하는 소리를 들을 수 있다. 루미는 이렇게 말했다.

"어디에 있든, 주변의 심장이 되어라."

예술과 정신도 마찬가지다. 우리가 팬데믹이라는 폭풍을 지나 항해하는 동안 꼭 마음에 새겨야 할 말이다.

당분간은 사회적 거리 두기 캠페인에 따라야 하겠지만, 다행히 우리에게는 서로를 이어주는 음악, 영상, 책, 예술이 있다. 라이브 콘서트와 운동 경기는 사람이라면 꼭 느껴야 할 경험을 제공하기는 한다. 하나만 예를 들자면, 옆에 앉은 낯선 이와의 상호작용이 있겠다. 아는 사람만 만나면 우리와 다른 사람을 사귀는 일이 힘들어진다. 특별한 곳에 가고 나간 김에 외식도 하고 공연자를 눈앞에서 직접 보는 경험은 절대 완벽하게 대체할 수 없다. 루브르 박물관에 가서 다른 사람과 상호작용을 하며 〈모나리자〉를 보면 기억에 훨씬 선명하게 남는다. 나도 그림이나 미켈란젤로가 만든 다비

드상과 같은 조각을 책으로 보면서 감명을 받을 때가 있다. 하지만 책으로 하는 간접 경험과 하얀 대리석이 내뿜는 빛을 보고 조각의 실제 크기가 어떤지 살피는 직접 경험은 차원이 다르다. 제대로 경험하려면 직접 눈앞에서 봐야 한다.

자택 대피령이 끝날 때까지는 지붕으로 올라가 노래 부르며 우리에게 경이로운 창의력이 있음을 축하하자. 때가 오면 만나서 함께 노래하자. 행복한 날이 올 때까지, 예술은 우리의 영혼과 정서가 고립되지 않게 막아줄 것이다. 다시 공연장에 열정 넘치는 이들이 가득하기를. 미술관에 호기심 많은 구경꾼이 넘치기를. 모두가 팬데믹이 남긴 흔적을 딛고 살아있다는 사실을 즐기며 기쁨의 춤을 추기를 바란다.

우리는 새로운 노래를 부르고 위기를 헤치던 시절의 이야기를 담은 새로운 예술을 만들 것이다. 하루빨리 공연장에 모여서 우레 같은 박수갈채를 보내고 싶다. 예술은 외로움을 버틸 힘과 희망을 주는 존재다.

이 글을 쓰는 동안 사랑하는 남편이자 작곡가이며 음악가 브라이언 벨렛에게 선물을 하나 받았는데, 눈물을 쏟을 수밖에 없었다. 선물은 칼 폴낵이 2009년 보스턴 음악대학교의 신입생과 부모님을 위해 준비한 '입학 환영사'였는데, 내가 전달하려는 주제를 그대로 담고 있다. 폴낵 박사의 글은 11년이 지난 지금 더욱 가슴을 울린다.

피아니스트 폴낵 박사는 9.11 참사 이후 자신의 경험과 음악이 사람을 어떻게 치유하는지를 글로 써냈다. 음악이 홀로코스트와 같은 끔찍한 사건을 겪고 난 사람을 어떻게 살렸는지에 관한 이야기를 인용하기도 했다. 다음은 환영사의 일부다.

"사람은 음악이 없으면 살 수 없습니다. 음악은 삶을 느끼는 도구이며 말없이 감정을 표현하는 수단입니다. 머리로 이해가 되지 않는 무엇인가가 있다면, 그것에 관한 음악을 들으세요. 가슴으로 받아들일 수 있습니다."

예술은 없어서는 안 되는 존재다. 인류의 심장이자 영혼이기 때문이다. 재앙 속에서 창조한 찬란한 예술 작품은 어둠을 비추는 등대가 되어 모두의 행복을 추구하는 길을 걷도록 인도할 것이다.

┌ 저자 정보 ┐

매리앤 비켓은 1986년 일리노이 대학교에서 미술교육학 석사학위를 취득했다. 교편을 내려놓은 뒤, 집필한 도서는 《Leonardo and the Magic Art Cart》, 《Art Cart Art Rocks with Ms. Fitt》 등이 있다. 작곡가 브라이언 벨렛 박사와 결혼했다.

코로나바이러스감염증-19가 스포츠에 미치는 영향

○ 메릴 쉐퍼

스포츠는 역사를 통틀어 선수가 자신의 열정과 승리욕 그리고 연습의 결과를 많은 사람 앞에서 선보이는 기회다. 사람들은 경기를 보면서 좋아하는 선수, 팀, 나라를 응원하고 후원한다. 또한 선수들은 다양한 수준의 경기에서 기술을 연마하고 개인이나 팀의 일원으로 경쟁하면서 내적 만족, 승리, 성장을 추구한다. 관중은 스포츠를 통해 선수와 유대감을 느끼고 팀의 성취를 함께 축하하며 공동체 구성원으로서 자부심을 얻고 경쟁의 전율을 맛볼 수 있었다.

스포츠는 언제나 즐거움을 주는 오락이었고 답답한 일상을 버티게 해주는 중요한 일탈이었다. 수준 높은 선수권 대회든, 아마추어 시합이든, 학교 대회든, 생활체육대회든, 스포츠는 인간 사회에서 떼려야 뗄 수 없는 요소다. 기쁨과 행복의 원천이기 때문이다. 전쟁, 자연재해, 국가 재난 상황에서 스포츠는 국민을 하나로 모으고 어려운 현실을 위로하는 역할을 했다.

코로나바이러스감염증-19가 닥치기 전에는 그랬다는 말이다. 끔찍한 팬데믹이 세계에 창궐하는 지금은 상황이 다르다. 우리는 매일 역병이 휩쓸고 지나간 곳에서 일어난 비극을 전해 듣는다. 수십만 명이 병에 걸렸고 많은 사람이 죽었다. 감염자와 주변 사람의 고통과 슬픔은 무엇으로도 달랠 수 없다.

스포츠계도 코로나바이러스감염증-19의 손아귀를 피해갈 수 없었다. 팬데믹이 기승을 부리면서 프로 경기는 물론이고 어린이나 일반인 체육 프로그램까지 모두 하루아침에 잠정 중단 상태로 들어갔다. 시즌, 토너먼트, 리그가 전부 연기되고 취소되었다. 한 번 취소되면 재경기는 없다. 그 시합을 통해 원했던 목표를 이룰 기회가 영원히 사라졌다는 말이다. 경기가 연기된 선수들 역시 앞날이 불안하고 걱정스럽다. 물론, 코로나바이러스감염증-19를 막는 일은 시간문제다. 하지만 상황이 종료되더라도 스포츠계가 (선수와 관객 모두) 팬데믹 이전의 모습으로 돌아갈 수 있을까?

3월 중순까지 예정된 프로 스포츠와 대학 스포츠 경기는 전부 연기되거나 취소되었다. 미국프로농구협회(NBA)와 북아메리카 프로아이스하키리그(NHL)는 포스트 시즌을 약 4분의 1 정도 남긴 상태에서 정규 시즌 개막일을 연기한다고 밝혔다. 메이저 리그 사커(MLS)는 시즌 일정을 30일 뒤로 미룬다고 발표했지만 아마 실제 개막일은 그 이후가 될 것으로 보인다. 메이저리그(MLB)는 남은 춘계훈련을 취소하고 개막일을 무제한 연기했다. 미국대학체육협회(NCAA)는 남녀 농구 토너먼트 디비전 I을 전부 취소하는 전무후무한 결정을 내렸다. 대학 스포츠 봄 경기는 전부 취소다.

프로골프에서는 마스터스 골프 대회를 연기했다. 디 오픈 챔피언십도 취소다. 윔블던 테니스 대회는 제2차 세계대전 이후 처음으로 일정을 취소했다. 나스카는 레이싱 일정을 무기한 연기했다. 일본 측 공식 입장에 따르면 도쿄 하계 올림픽은 2021년이나 열릴 계획이다. 모든 학교와 지역 리그는 전부 취소다. 북아메리카프로미식축구리그(NFL)는 물론이고 대학교와 고등학교 럭비 리그도 시즌을 연기하거나 취소하는 방안을 심각하게 고려하고 있다. 코로나바이러스감염증-19는 모든 스포츠 경기를 취소시키는 현대사 초유의 기록을 세웠다. 상황이 언제 호전될지는 아무도 모른다.

코로나바이러스감염증-19는 선수, 코치, 경영진, 미디어에 막대한 영향을 미쳤다. NBA와 MLS 선수를 생각해보자. 유명한 농구 선수 케빈 듀랜트와 NBA 코치이자 뉴욕 닉스 구단주 제임스 돌란은 검사 결과 양성 판정을 받았다. 농구 분석가 도리스 버크도 직접 양성 판정을 받았다고 밝혔다. 뉴올리언스 세인츠 헤드 코치 신 페이튼은 NFL 관련인 중 처음으로 양성 판정을 받은 사람이다. NBA, NBL, NCAA는 고심 끝에 경기를 중단하기로 했으며 이는 위험한 팬데믹의 확산을 막은 현명하고 책임 있는 결정이었다.

지난 2월 중순, 이탈리아 밀라노에서 베르가모의 애틀랜타와 스페인의 발렌시아 사이의 유럽챔피언스리그 경기가 열렸다. 스페인에서 온 원정 팬을 포함한 4만 명의 사람이 이틀 동안 베르가모에 머물렀다. 축구팀들은 경기 전날 밤 함께 식사까지 했다. 경기가 열리고 이틀 뒤, 이탈리아의 첫 코로나바이러스감염증-19 지역 사회 확산 사례가 발생했다. 최소 5명의 발렌시아 선수와 한 명의 스페인 기자가 감염되었으며 베르가모는 이탈리아에 코로나바이러스감염증-19를 전파하는 온상이 될 것으로 보였다. 이 사건으로 이탈리아는 코로나바이러스감염증-19에 큰 피해를 본 나라 중 하나가 되었다.

미국 스포츠계가 시즌 연기와 대회 취소 결정을 내린 당시에는 과잉 반응이라는 비판이 터져 나왔다. 하지만 지금 생각하면 많은 사람의 생명을 구하고 수천 명에 가까운 감염자가 속출하는 사태를 막은 현명한 판단이었다. 초기에 일정을 중지하지 않았다면 수천 명의 선수, 직원, 관중이 피해를 보았을 것이다.

코로나바이러스감염증-19는 선수의 건강뿐 아니라, 경력까지 위협한다. 시즌과 경기 일정이 불확실해지는 상황 속에서 경력을 쌓을 기회가 사라지고 있다. 학교 경기가 열리지 않는다고 생각해 보자. 학생 선수는 장학금 혜택을 놓칠지도 모른다. 프로의 길을 걷고 싶은 대학 선수는 자신의 기량을 증명하고 높은 무대로 갈 가능성이 줄어든다. 대학교나 고등학교의 졸업반 선수는 경력을 만들 기회를 잃어버린다.

올림픽 선수는 4년간의 노력이 물거품이 될 위기에 처했다. 나이 제한 때문에 2020년 올림픽이 마지막 세계 무대인 선수도 있을 것이다. 프로 리그에서는 경기가 중단된 상태에서 드래프트와 로스터 문제를 어떻게 해결해야 할지 고민 중이다. 새로운 선수를 뽑아도 실전을 경험할 기회는 약식 훈련 캠프와 프리시즌이 전부인 탓에 선뜻 신인을 선발하기가 어렵다. 계약 상태가 아닌 현역 프로와 자유 계약 선수들은 언제 어디서 다음 경기를 뛸지 모른다. 나이가 많은 선수라면 허무하게 은퇴해야 할 수도 있다.

팬데믹은 세계 경제를 완전히 파괴했다. 스포츠계도 엄청난 경제 손실을 보았다. 열리지 않은 경기로 손해가 발생하면서 리그, 팀, 선수, 텔레비전, 라디오 방송국, 광고주, 팀과 경기장 소속 직원, 전국에 영향을 미쳤다. NBA는 정규 시즌 259 경기와 포스트시즌 플레이오프 경기를 남겨놓고 일정을 중단했다.

리그 시즌마다 텔레비전 계약, MD, 기업 후원, 티켓 등으로 9조 6000억 원에 이르는 수익이 발생한다는 사실을 고려하면, 코로나바이러스감염증-19가 막대한 손실을 안긴 셈이다. 티켓 판매액은 NBA 매출의 거의 4분의 1을 차지한다. 포스트시즌 경기는 빼고 리그 경기만 생각해도 매출이 4200억에서 5400억에 가까이 감소했다는 뜻이다. MD, 매점, 주차장에서 나오는 현장 수익까지 더하면 수천억 원 상당의 추가 손실이 발생한다.

2016년, NBA는 ESPN, 터너 방송국과 28조 8144억 원가량의 텔레비전 계약을 체결했다. 계약에 따르면 리그는 시즌마다 약 3조 1215억 원을 받는다. 지역 방송국과 맺은 계약에서는 매년 1200억 4000만 원가량의 수익이 들어온다. 하지만 계약서에는 '특수한 사정'이 생기면 방송국이나 스폰서가 계약을 수정하거나 종료할 수 있다는 내용의 조항이 있다. NBA 단체 협상 계약서에도 코로나바이러스감염증-19로 취소된 경기 하나당 선수 연봉을 약 1% 삭감할 수 있다는 내용이 있다. NBA 매출이 떨어지면 소속 선수의 연봉도 내림세를 탄다. 연봉은 내년 시즌 예상 수익에 근거하기 때문이다.

3월의 광란(미국대학 농구선수권대회)은 매년 9605억 원에 가까운 수익을 올리는 대회다. NCAA가 주관하는 모든 스포츠 경기 수익 4분의 3을 차지할 정도로 비중이 높다. 남성부와 여성부 농구 경기가 취소되면서 모든 대학 선수가 영향을 받았다. 최근 한 대학 운동팀 감독을 대상으로 한 조사에서는 감독 86%가 소속 기관에서 스포츠 예산을 삭감할 것으로 보인다고 답했다. 3분의 1은 2020부터 2021년까지 약 30%가량의 수익 감소를 예상한다고 밝혔다. 이는 운동 프로그램 축소, 임금 삭감, 직원 해고 등의 결과로 이어질 수밖에 없다.

NHL도 NBA와 비슷한 재정 문제에 직면했다. 각 팀은 경기가 열리지 않는 동안 홈 게임 하나당 12억 원 이상의 손실을 볼 것으로 보인다. 물론 플레이오프 경기를 놓쳐서 발생하는 손해가 훨씬 크다. 도쿄 올림픽이 연기되면서 발생한 광고 수익 손해는 약 1조 2000억 원 이상이다. MLB의 티켓 판매금은 리그 전체 수익의 약 30%에 달한다. 시즌이 뒤로 연기되면서 티켓, 텔레비전과 라디오 광고, 상품, 매점 수익이 줄어들면, 아마 NBA와 NBL 못지않은 손실을 볼 것이다.

팬데믹이 가을까지 이어지면서 NFL과 대학 미식축구 시즌이 영향을 받는다면, 경제와 사회에 말 그대로 재앙이 닥친다. 미식축구는 미국에서 가장 인기 있는 스포츠다. NFL은 매년 18조 60억 원에 가까운 수익을 올린다. CBS, ESPN, 폭스, NBC와 텔레비전 계약을 맺어 시즌마다 약 6조 20억 원을 벌어들인다. 기업 후원으로 받는 돈은 1조 2000억 원에 달한다. 나머지는 MD, 티켓, 매점과 같은 현장 수익에서 나온다. 상위 15개 대학 미식축구팀은 4800억 원에서 1조 2010억 원에 이르는 가치가 있으며 텔레비전, 티켓, MD, 현장 행사에서 1200억 8000만 원에 가까운 돈을 벌어들인다.

대체 미식축구의 인기가 어느 정도라는 말일까? 2019년 텔레비전 시청률 1위부터 50위 중 45개가 NFL 미식축구 경기였다. 슈퍼볼은 매년 열릴 때마다 시청자가 1억 명이 넘어간다. 칼리지 풋볼 플레이오프 경기는 약 2000만 명 이상이 시청한다.

미국인의 미식축구 사랑은 아무리 강조해도 지나치지 않다. 다음 미식축구 시즌을 연기하거나 취소한다는 생각은 상상도 할 수 없을 정도다. 경제적 손해도 손해지만, 이미 많은 스포츠 일정이 연기된 상태에서 미식축구 경기까지 열리지 않으면 사회에 엄청난 파장이 예상되기 때문이다. 노사 분쟁 때문에 NFL이 몇 차례 잠정 중단된 사례가 있기는 하지만, 그때마다 기다리다 보면 리그를 재개할 것이라는 확신이 있었다.

코로나바이러스감염증-19 때문에 경기를 취소하면 사람들은 불안해할 수밖에 없다. 소셜 미디어를 둘러보면 미식축구 팬 사이에서 다가오는 시즌이 팬데믹에 직격타를 맞을 것이라는 두려움이 만연하다는 사실을 알 수 있다. 코로나바이러스감염증-19의 위험을 감수하더라도 경기를 강행하기를 바라는 사람도 많다. 팬데믹 때문에 미식축구도 볼 수 없는 상황이 닥치면 사회는 우울과 절망에 빠질 것이다.

스포츠계의 앞날은 어떨까? 팬데믹도 언젠가는 끝이 나고 스포츠계도 다시 경기를 재개할 것이다. 대체 언제냐고? 스포츠팬은 내년까지 경기가 단 한 번도 없을 수도 있다는 혹독한 현실을 직시해야 한다. 보건 당국은 모든 미국인에게 사회적 거리 두기 캠페인을 당부하고 확산 속도를 늦추기 위해 몇 주나 몇 달간은 웬만하면 집에 있으라고 당부하고 있다. 정말 생사가 갈린 상황이라는 뜻이다. 이 와중에 반드시 스포츠 경기에 참여하거나 경기장에서 관람할 이유는 없다.

코로나바이러스감염증-19가 수백만 명을 감염시키고 수천 명의 목숨을 빼앗는 동안, 우리는 건강과 안전을 최우선으로 생각해야 한다. 기다리면 다시 스포츠를 즐길 수 있다. 물론 예전과는 다른 모습일지도 모른다. 선수는 다른 사람의 안전을 위해 코로나바이러스감염증-19 검사를 받을 것이다.

팬과 미디어는 예전만큼 선수의 모습을 볼 기회가 많지 않다는 현실을 받아들여야 한다. 라커룸이나 훈련장은 팬데믹 이전만큼 접근이 쉽지 않을 것이다. 경기 전 사인회를 열거나 공개석상에 나타나는 등의 행동을 하지 않을 수도 있다.

그렇다고 대규모 리그 팀이 해체될 것 같지는 않다. 하지만 일부 소규모 리그와 대학 스포츠 프로그램은 팬데믹에서 살아남지 못할 것이다. 국가 경제가 휘청이면서 팬은 예전처럼 시즌 티켓을 사거나 스포츠 행사에 참석할 만큼 여유가 없다. 스포츠도 다른 사업과 마찬가지로 광고, MD, 티켓 판매 규모를 줄일지도 모른다.

경기장이 다시 문을 열 때, 팬은 스스로 사회적 거리 두기를 실천하고 자신과 다른 사람의 건강을 위해 안전 장비를 착용해야 한다.

세상을 바꾼 코로나바이러스감염증-19는 스포츠계에도 영향을 미쳤다. 하지만 이것 또한 지나갈 것이다. 우리는 함께 이겨낼 수 있다. '경기 시작!'이라는 외침이 경기장에 울려 퍼지는 날이 빨리 왔으면 한다.

저자 정보

메릴 쉐퍼는 펜실베이니아 중부 지역에서 자랐다. 오래전부터 스포츠를 좋아했으며 1970년대 피츠버그 스틸러스 영광의 시대를 목도한 세대다. 《A Super Steelers Journey: The 23-Year Quest to Honor Pittsburgh's Dynasty Legends》라는 책을 썼다. 메릴은 굿데이 PA, 피츠버그 스틸러스 리유, 스포츠 컬렉터스 데일리, 더 파이널 스코어 팟캐스트에서 스틸러스와 스포츠를 주제로 인터뷰를 했다. 해리스버그 지역 전문대학교에서 경영학 전문 학사를, 펜실베이니아 주립대학교에서 형사 행정학 학사 학위를 취득했다.

포스트 팬데믹의 관광업

마미마 윌리엄슨

지난 6주는 마치 6년처럼 느껴졌다. 많은 사람이 팬데믹 때문에 일상과 경제에 타격을 입었고 세상을 바라보는 관점을 바꾸어야 했다. 아마 원래대로 돌아가려면 몇 년은 필요할 것이다. 나는 전기가 잘 들어오고 난방 장치가 있는 집에 살고 있다. 냉장고에는 음식이 가득하다. 나는 운이 좋다.

불행히도, 내 어린 아들은 학교에 가지 못한다. 가족이나 친구와 만날 수 없다. 참으로 답답하고 외롭다. 다른 사람이라고 사정이 다르지 않다는 것 정도는 나도 안다. 일자리가 없다는 사실이 가장 막막하다.

나는 지방 대학에서 시간 강사로 일한다. 지금은 실업자 신세니 새로운 자리를 찾을 때까지 정부 지원금에 의존해야 한다. 어쩌면 일자리를 얻기 전에 지원금이 끊길 수도 있다. 나는 영어를 제2외국어로 가르치는 수업을 한다. 덕분에 팬데믹은 내게 더욱 유독 힘든 고비다. 내가 일을 하려면 외국인 학생이 필요하기 때문이다.

팬데믹이 소강상태로 들어가더라도 바로 사람들이 내게 영어를 배우러 오지는 않을 것이다. 그래도 나는 운이 좋다.

나는 중산층이다. 수준 높은 교육을 받았으며 조국은 보편적인 의료 서비스를 제공하고 시민을 돕는다. 지금은 지갑 상황이 좋지 않지만, 죽을 정도는 아니다. 나는 아들을 먹여 살려야 한다. 내 인생을 책임져야 한다. 다시 복직할 수 있다. 안 되더라도 새로운 직장을 찾으면 된다.

나는 재기하는 데 문제가 없다. 하지만 수백만 명은 그렇지 않을지도 모른다. 팬데믹으로 어떤 업계가 타격을 입었는지 궁금하다면, 등잔 밑을 보면 된다. 관광업은 엄청난 피해를 받아서 완전히 벼랑 끝에 몰렸다.

지금까지 세계의 관광업은 자주 침체를 겪었다. 자연재해, 전쟁, 금융 위기가 터지면 특정 나라나 지역의 관광업이 위축된다. 상황이 심각하면 잠시 기능을 정지하기도 한다. 하지만 이번 팬데믹처럼 세계의 관광업에 엄청난 영향을 미친 사례는 없었다. 간단히 말해, 지금 여행하는 사람은 아무도 없다는 뜻이다. 관광업은 완전히 죽었다.

세계의 관광업 종사자는 수백만 명이 넘는다. 식당, 호텔, 여행 안내원, 여행사, 운전사, 짐꾼, 가게, 물건 납품업자 정도가 있겠다. 팬데믹으로 주된 수입원인 관광객이 사라지면서 생계에 엄청난 영향을 받는 사람들이다.

2020년 4월 1일, 지속 가능한 관광을 추구하는 미국 기관 유엔세계관광기구(UNTWO)는 미국에 들어오는 외국인 관광객이 올해 최대 30%까지 감소할 수 있다고 밝혔다. 추정 손해액은 360조

2400억 원에서 540조 3600억 원에 이르는데, 매년 외국인 관광 수입이 약 1801조 2000억 원이라는 사실을 생각하면 거의 3분의 1이 줄어드는 셈이다.

〈더 텔레그래프(2018)〉는 대부분의 나라가 관광 수익이 감소하겠지만, GDP에서 관광업 비중이 높은 나라는 더 타격이 크다고 밝혔다(몰디브 40%, 아루바 28%, 벨리즈 14%). 불안정한 경제 상황을 상당한 관광업 수입으로 버티는 나라도 마찬가지다(멕시코 96조 560억 원, 태국 43조 2252억 원, 남아프리카공화국 10조 8063억 원, 세계경제포럼, 2017).

관광업이 얼마나 큰 위기에 놓여 있는지 확인하려면, 해당 나라의 경제 상태를 이해해야 한다. 매년 많은 관광객이 찾는 나라는 보통 개발도상국이다. 국가 부채가 심각하며 정부는 무능하고 국민이 받는 지원은 거의 없다시피 한 경우가 많다. 대다수가 열악한 의료 체계, 형편없는 교육, 실직자 신세가 일상인 빈곤층에 속한다.

따라서 많은 사람이 교육을 받거나 기술을 배우지 않아도 생계를 꾸릴 수 있는 관광업에 종사한다. 일부는 제대로 된 급여를 기대하지 못한 채 지하경제에 의존하며 관광객의 팁으로 먹고산다. 계속 관광국에서 여행을 즐기고 싶다면 절대 잊으면 안 되는 사실이다.

분명히 말하지만, 나는 외국이 아니라 미국에서 먼저 돈을 써야 한다는 주장에 찬성하는 입장이다. 일단 우리가 사는 나라, 도시, 지역 사회의 경제를 살리는 일이 우선이다. 관광업이라고 해서 다르지 않다. 팬데믹 상황이 끝나면 누구보다 먼저 집을 빠져나와서 친구와 함께 외식하거나 가까운 주립 공원에 갈 생각이다. 그다음에 비행기를 타고 캐나다로 떠나려 한다. 나처럼 국제 여행을 좋아하는 사람을 위해 한마디 하겠다. 위험한 상황이 끝날 때까지, 마음을 바꾸지 말라.

지역 사회와 관광 명소가 상부상조 관계를 맺고 국제 관광객을 받는 곳은 세계에서 쉽게 찾아볼 수 있다. 지역 사회는 관광 명소를 지원하고 관광 명소는 지역 사회의 원동력이 되는 식이다.

우간다의 예를 살펴보자. 나는 브윈디 천연 국립공원으로 도보 여행을 다녀왔다. 경비원과 안내원은 전부 현지인이었다. 근처 마을의 여성은 게스트하우스나 민박에서 요리나 청소 따위의 일을 했다. 사람들은 남녀노소 할 것 없이 수공예품을 만들고 가게를 운영하거나 공원 주차장으로 가는 큰길에 늘어선 패밀리 레스토랑에서 일했다. 지역 주민이 없으면 공원이 문을 닫겠지만, 반대로 공원에 오는 관광객이 없으면 현지인은 생계를 유지할 수 없다.

이번에는 페루로 넘어가자. 현지 안내원, 요리사, 짐꾼과 함께 일주일 동안 안데스 와이와시 산맥을 오른 경험이 있다. 산을 가로지르는 동안 마주치는 작은 마을에서 끼니와 숙박을 해결했는데, 현지인들은 전부 관광객에게 수입을 의존했다.

보르네오섬도 갔는데, 구능물루 국립공원에서 사흘을 보냈다. 멜리아누 강변의 주민과 함께 동굴을 탐험하고 카약을 타고 마을을 돌아보았다. 나는 여행할 때마다 나를 환영해주는 지역 사람들에게 보답하기 위해 음식이나 수공예품을 산다. 이런 곳은 관광객이 쓰는 돈이 아니면 지역 사회가 발전하기는커녕 유지하기도 어렵다. 또한 지역 사회의 지원금보다 내가 주는 팁이 현지인에게 훨씬 도움이 된다.

팬데믹이 끝나고 삶이 '정상'으로 돌아간 뒤에도 관광업이 원래 모습을 되찾으려면 상당한 시간이 걸릴 것이다. 웬만한 사람이라면 여행이 삶의 최우선 순위가 아니므로 관광업은 서서히 살아날 가능성이 높다. 많은 사람이 해외여행을 부담스러워한다. 불안하기도 하고 비행기 비용이 많이 들기 때문이다.

그렇다면 남은 선택지는 하나다. 의료 체계가 불안하고 의료보험의 보장을 받을 수 없는 외국으로 가는 대신 국내 여행을 떠나면 된다. 어느 쪽을 선택하든 상관없다. 신중하게 결정을 내리기만 하면 어디든 좋다.

시간이 지나고 마침내 국제 여행을 마음 편히 갈 수 있는 날이 올 때까지, 관광업과 지하 경제에 의존하는 곳이 있다는 사실을 기억하기를 바란다. 언제든 그곳으로 떠나게 된다면, 조악한 조개껍데기 목걸이를 사고 툭툭 운전사에게 팁을 주었으면 한다. 현지 음식도 꼭 먹어보자. 접시 위의 요리가 산 채로 꿈틀대더라도 도전할 가치가 있는 일이다.

관광객인 우리가 즐거운 경험을 한 대가로 충분한 보답을 하지 않으면, 역사 속으로 사라질지도 모르는 곳들이다. 이런 지역 사회가 무너지면 문화와 역사도 함께 사라지고 주민들은 위기에 내몰린다. 차라리 처음부터 몰랐으면 하는 세상이다.

저자 정보

마이아 윌리엄슨은 20년 넘게 세상을 누비는 열정적인 여행자다. 거의 모든 여행은 배낭을 메고 혼자 떠난다. 지금까지 방문한 나라는 40곳이 넘는다. 고소공포증이 있지만, 등산을 좋아한다. 남는 시간에는 사람, 여행, 생각에 관한 글을 쓴다. 2020년 1월에는 여행수필집, 《Where the Tree Frogs Took Me》를 출간하면서 작가로 데뷔했다.

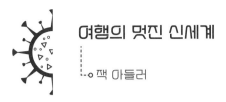

여행의 멋진 신세계

o 잭 마들러

"건강 비자 확인하겠습니다."

포스트 팬데믹 시대의 모습을 상상해보자. 또다시 무서운 질병이 나타나서 세계를 무너뜨릴지도 모른다는 걱정이 만연하다. 이제 미국인은 외국에 들어갈 때마다 여권과 다른 비자와 함께 새로운 비자인 건강 비자를 보여주어야 할지도 모른다. 의사의 공증이 있어야 발급할 수 있는 건강 비자는 소유자가 바이러스나 전염병을 퍼뜨릴 사람이 아니라는 사실을 증명한다. 또한 사업이나 관광차 외국에 나가면 발열 검사를 빼놓지 않고 받아야 할 것이다.

각국의 정부는 예전과는 달리 관광객을 예의 주시하고 입국자를 철저히 검사할 가능성이 높다. 대중이 쉽게 잊는 것은 사실이지만, 팬데믹처럼 위험한 사건은 이야기가 다르다.

관광업계도 마찬가지다. 세계적으로 규모가 큰 산업인 관광업은 사람들의 인식 변화를 따라갈 필요가 있다. 예를 들면, 비행기나 유람선 혹은 나라에 들어가고 나갈 때마다 더 꼼꼼하게 조사를 하는 정도가 있겠다. 건강 비자를 한 번 보여주었다고 해서 예전처럼 유럽 연합의 모든 나라를 마음대로 돌아다니도록 내버려 둘지는 미지수다.

팬데믹으로 큰 타격을 받은 항공사도 '정상'으로 돌아가고 수익을 내기 시작할 것이다. 하지만 많은 사람이 좁은 공간에 모이는 특성상 비행기가 전염병의 온상이 되기 쉽다는 사실은 변하지 않는다. 기내식 서비스는 크게 바꾸지 않겠지만 화장실에 손 소독제를 놓는 등의 조치를 하는 등 안전에 더 신경 쓸 것으로 보인다. 재채기나 기침을 하는 방법과 같은 건강 관련 영상을 보여줄 수도 있다. 마스크 착용을 강제할 것 같지는 않다. 마스크를 늘 차고 있어야 하는 상황이라면 애초에 비행기를 타는 사람은 없다. 기내에 비상시 승객에게 나누어 줄 마스크를 보관할 수는 있다.

우리는 상황이 발생했을 때 즉시 사람들에게 분배할 수 있도록 필요한 물건을 미리 비축하고 만반의 준비를 해야 한다는 교훈을 얻었다. 사회적 거리 두기 캠페인은 이윤을 추구하고 관광업을 살려내려고 노력하는 사람이 나타나면서 잊힐 것이다. 프랑스 속담에는 이런 말이 있다.

'변화가 거듭될수록 본질은 명확해진다.'

앞으로 나타날 '새로운 정상'이 그 예시일 수 있다.

유람선은 문제가 더 심하다. 팬데믹 전에도 거대한 유람선을 타고 항해하던 수천 명의 승객과 승무원 사이에 코로나바이러스보다 위험성이 덜한 노로바이러스가 퍼지면서 피해가 발생한 사례가 몇 번 있었다. 하지만 이제 질병에 걸린 승객이나 선원이 있는 선박은 사망자가 발생하더라도 당분간 항구에 정박할 수 없다. 배라는 운송 수단의 특성상 항해하는 동안 승객은 대부분 한정된 공간에 있을 수밖에 없다. 물론 유람선 회사는 원격 의료 서비스에 가입하여 비상 상황에서 도움을 받을 수 있다고 광고하겠지만, 과연 전염병이 발생했을 때 대처하는 데 도움이 될지는 의문이다.

여러 나라의 항구를 방문할 수 있다는 점이 유람선 여행의 매력이지만 항구 직원이 상륙하려는 사람이 건강하다는 증거를 요구할 수 있다. 배에 탈 때 확인한 건강 비자로는 안심이 안 된다고 생각할지도 모른다. 유람선 회사는 배에서 내리려는 모든 승객에게 발열 검사를 해야 한다. 물론 항구 직원이 직접 관광객의 건강에 이상이 있는지 살필 수도 있다.

같은 맥락에서, 유람선 승객은 모두 선내 의사의 검진을 받아야 한다. 건강 수칙 관련 동영상도 상영할 가능성이 크다. 선실에는 무료 손 소독제를 비치할 것이다.

가장 많이 변할 부분은 투어 서비스다. 단체 투어를 신청하면 대부분 시간을 다른 사람과 함께 다닌다. 안내원은 관광지를 돌아다니는 동안 무리를 이탈하는 사람이 있는지 눈을 부릅뜨고 감시한다. 꼭 나이 많은 사람만 단체 투어를 신청하는 것은 아니지만, 그래도 평균 연령대는 높은 편이다. 어쩌면 고객층은 팬데믹을 계기로 다른 사람과 딱 붙어 있어야 하는 단체 관광을 기피할지도 모른다. 회사는 꽤 솔깃한 할인 혜택을 내놓으면서 대처할 수 있다.

버스 투어 역시 같은 문제를 해결해야 한다. 기차 투어는 그나마 상황이 낫겠지만 여행객의 건강 비자를 한 번 더 확인하고 발열 검사를 다시 할 수도 있다. 크게 엄격하지 않은 투어 서비스를 선택해도 좋다. 다른 사람과 함께 다니지만, 자유 시간이 많은 프로그램을 찾으면 되겠다. 셀프 드라이브 투어는 좋은 예시다.

같은 이유로 배낭여행자가 늘어날 수 있다. 특히 스카이다이빙이나 동굴 탐사 같은 익스트림스포츠가 목적인 사람이라면 혼자 떠날 가능성이 높다. 팬데믹에서 생존한 많은 젊은이가 살아 있을 때 즐겨야겠다는 생각으로 여행길에 나설 수도 있다.

여행사는 항상 새로운 상품을 개발하는데, 북극 여행도 그중 하나다. 러시아, 유럽, 미국, 캐나다 사이에 별다른 마찰이 생기지 않는 한 북극으로 떠나는 사람은 점점 많아질 것이다.

관광객이 감소하면 소매 여행사는 수입이 줄어든다. 항공사와 유람선 회사가 대중의 우려에 반응하여 체제를 바꾸면서 여행사에 떨어지는 수수료가 크게 달라질 수도 있다.

호텔 역시 규모와 어메니티를 확장할 필요가 있다. 체크인하는 고객의 건강 비자를 확인하고 발열 검사를 수행할 것이다. 손 소독제도 객실마다 충분히 배치해야 한다. 다행히 호텔에서 이러한 변화를 이유로 추가 비용을 청구할 가능성은 작다.

관광업계는 대중의 우려를 십분 이해한다는 인상을 주려 애쓸 것이다. 약삭빠른 마케팅 담당자들은 광고나 책자와 같은 판촉 수단을 어떻게 활용해야 잠재 고객을 안심시키고 유혹할 수 있을지 고민하고 있다.

여행보험 역시 크게 달라진다. 현재 대부분의 보험은 전염병을 보장하지 않는다. 물론 시간이 지날수록 전염병까지 보장하는 상품이 나타나겠지만, 비싸고 보장 금액이 적을 가능성이 높다. 유해 송환 비용 보장 보험을 찾는 사람은 많아질 것이다.

텔레비전과 인터넷 그리고 앱에서 즐기는 가상 여행 기술은 미

래의 관광업에 부정적인 영향을 미칠 또 다른 요소다. 3차원 가상
현실의 발전은 시사하는 의미가 크다. 많은 사람이 진짜 여행 대신
가상현실로 들어가 중국의 만리장성을 산책하거나 온두라스 코판
의 마야 유적지에서 피라미드와 상형문자가 새겨진 계단을 구경하
는 것으로 충분히 만족할지도 모른다. 게다가 처음부터 끝까지 집
에서 편안하게 누릴 수 있다.

　팬데믹의 공포는 오랫동안 사람들의 뇌리에 남을 것이다. 머나
먼 타지에서 병에 걸려 격리될 수 있다는 사실을 생각하면 여행의
매력이 줄어드는 일은 당연하다. 가격 할인만으로는 사람들을 안
심시키지 못할 수 있다. 하지만 삶이 정상으로 돌아가고 시간이 흐
르면 다시 여행의 가치는 원래대로 돌아올 것이다.

　코로나바이러스의 기억이 아무리 끔찍해도 빠르게 발전하는 미
래를 저지할 수는 없다. 미래에는 고속철도가 훨씬 많아질 것이다.
비행기도 지금보다 커질 것이다. 그렇다고 레그룸이 넓어지지는
않겠지만, 비행기가 커진 만큼 공항도 규모를 키울 수밖에 없으니
항공사와 도시가 충돌할 가능성이 크다. 대형 유람선은 최대 5000
명에 이르는 승객을 태우며 더 풍부한 편의시설을 제공하고 많은
항구에 정박할 것이다. 여행의 멋진 신세계에 온 것을 환영한다.

저자 정보

잭 아들러는 미국 의회 도서관이 점자로 번역한 책《Travel Safety》의 공동 저자다.
《Traveling for Seniors》역시 아들러의 책이다. 거의 15년 동안 〈로스앤젤레스 타임〉
에서 프리랜서로 여행 주간 칼럼을 연재했다. 업계를 선도하는 잡지 〈트레블 위클리〉에
서 특집 기사 편집자로 일했다.

팬데믹 시대의 환경 보존 활동

○ 브룩 렌커

코로나바이러스감염증-19는 세상을 완전히 뒤흔들어 놓았다. 두고 봐야 알 일이지만, 사회가 예전의 모습을 되찾으려면 아마 몇 년은 걸릴 것이다. 하지만 위기 속에서도 희망은 싹트는 법. 아이들은 부모와 산책을 나서고 등산객은 산길을 걷는다. 바이러스 때문에 마음 한편은 무겁지만, 전원을 보면 위로가 된다.

불안을 떨치면 희망을 볼 수 있다. 희망은 자연과 사람 사이의 유대 관계에서 피어난다. 다시 말해, 환경 보존 운동이 희망의 불씨라는 말이다.

밖으로 나가면 사회적 거리 두기를 준수하면서 건강을 지킬 수 있다. 2018년 이스트앵글리아대학교에서 수행한 연구에 따르면, 야외 활동은 건강 전반에 막대한 도움을 준다. 그대로 인용하면 다음과 같다.

"녹지에서 시간을 보내면 제2형 당뇨병, 심혈관계 질환, 요절, 조산, 스트레스, 고혈압의 위협이 감소한다."

팬데믹에 대처하는 방법에 관한 내용은 없지만, 크게 다르지 않다고 생각한다. 자연이 면역 체계를 강화하고 염증을 줄일 수 있다는 내용은 있다.

운동 경기, 휴가, 모임이 사라지면서 사람들은 공원, 산책로, 숲에서 여가를 보낸다. 소문에 따르면 녹지마다 등산객이 넘치는 모양이다. 애팔래치아 국립 경관 트레일 관리단은 "…애팔래치아 국립 경관 트레일 대다수 지역의 지나친 방문객 증가"를 이유로 연방 기관에 산책로 폐쇄를 요청했다.

리처드 루브는 2008년 자신이 쓴 책 《자연에서 멀어진 아이들》에서 아이가 자연을 접하는 시간이 줄어들면 "정서에 큰 영향을 주는 비만, 주의력 장애, 우울증과 같은 증상이 나타날 수 있다"는 이야기를 전했다. 지금 부모와 자녀는 집에서 따분함에 몸부림치고 있다.

팬데믹은 뒷마당이나 녹지를 파헤치고 흙의 촉감을 느끼는 작은 행복을 재발견하는 계기가 될 수 있다. 자연환경은 집에서 가까운 곳이라도 상상력을 자극하고 몸과 마음을 건강하게 만든다.

여러 연구는 아이에게 자연에 대한 관심을 심어주면 환경친화적인 행동을 할 가능성이 크다는 사실을 시사한다. 자연 탐사 활동은 생태에 대한 관심을 유발하고 환경 소양을 함양한다. 아이를 환경을 생각하는 사람으로 키울 수 있다는 뜻이다.

우리는 전염병이 퍼지는 상황에서 위험천만한 일상을 보내는 동안 세상은 아주 간단하게 무너질 수 있다는 사실을 깨달았다. 또한 팬데믹은 지구온난화의 심각성과 같은 인류 전체의 문제를 다시 한번 고찰하는 계기로 작용했다. 2015년, 기후 변화에 관한 정부 간 협의체(IPCC)는 현재 온실가스 배출량이 '사상 최대'이며 기후 변화와 분명한 관계가 있다고 밝혔다.

기후 변화는 다양한 결과를 초래할 것으로 보인다. 세계보건기구(WHO)는 "신종 전염병이 나타나는 이유가 기후 변화 때문일 가능성이 크다"라고 밝혔다. 많은 연구가 코로나바이러스감염증-19는 공기가 안 좋은 곳에서 더 파괴력이 높다는 사실을 시사한다. 하버드 T.H. 챈 보건대학원 연구진은 "초미세먼지 농도가 높을수록 코로나바이러스감염증-19로 인한 사망률이 증가한다"라고 밝혔다.

코로나바이러스감염증-19는 사람들을 자연으로 이끌었다. 최소한의 물건으로 생활하도록 강제하고 운전할 일을 줄이면서 삶의 속도를 늦추고 기본에 충실하라는 교훈을 주었다. 화석 연료 사용량이 줄어들면서 공기가 깨끗해졌다. 중국 우한의 위성사진을 보면 지금까지 시민들을 병들어 죽게 만든 지긋지긋한 스모그가 사라지고 하늘이 맑게 갰다는 사실을 알 수 있다.

사람들은 삶의 속도를 늦추고 많이 걷고 차를 적게 타기 시작했다. 팬데믹은 미래의 모습과 우리가 앞으로 내릴 결정도 바꾸어 놓을까? 가벼워진 주머니 때문에 소비 양상이 달라질까? 사치하는 대신 모두에게 이익이 되는 일에 돈을 쓰지 않을까(친환경 발전장치 설치, 텃밭 조성, 나무 심재)? 아직 확신하기에는 이르다.

하지만 코로나바이러스가 가족 관계를 끈끈하게 만들고 배려하는 방법을 다시 익히는 계기로 작용했다는 사실은 분명하다. 습관처럼 변화하고 남을 위해 희생하면 우리는 완전히 달라질 수 있다.

사람마다 탄소 발자국이 다르다. 저소득층은 이미 어쩔 수 없이 단순하게 살고 있다. 상황상 자연에서 여가를 보내기 힘든 계층이다. 팬데믹은 빈곤한 지역에 더 많은 영향을 미친다. 정확히 말하면, 인구 밀집도가 높고 위험한 직업에 종사하는 사람이 많으며 대다수가 의료 서비스를 이용하기 힘들고 대기질이 열악한 곳이 훨씬 위험하다는 뜻이다.

기후 변화는 거주지를 바꾸거나 달라진 환경에 적응하기 어려운 사람에게 엄청난 난관으로 다가온다. 이제 이들을 무시해서는 안 된다. 모두 대자연에서 취하는 휴식과 건강하며 지속 가능한 미래를 바라고 있다. 그럴 만한 자격이 있는 사람들이다.

1970년 4월에 탄생한 지구의 날은 세계인에게 환경 문제를 역설했다. 곧 수많은 사람이 모여 지구가 고통받고 있다는 사실을 증언하고 적극적인 행동을 요구했다. 인류는 자존심을 내려놓고 모든 생물이 서로 떼려야 뗄 수 없는 관계라는 사실을 은연중에 인정한 셈이다.

하지만 시간이 지나면서 제1회 지구의 날 행사 당시의 열정은 사그라지고 있다. 올해로 50주년을 맞는 지구의 날은 환경 의식의 발전 역사를 나타내는 중요한 이정표이자 자연에 소홀했던 행동을 돌아보고 열정을 불태우는 계기다. 이번 위기로 갈등이 일어나더라도 지구의 날을 기억하면 모두의 환경과 경제에 도움이 되는 고독한 길을 걸을 수 있을 것이다.

진보는 괴롭지만 멈출 수 없다. 내연 자동차의 사례에서도 교훈을 얻을 수 있다. 전기 자동차는 내연 자동차의 시대를 끝낼 것이다. 단지 시간문제일 뿐이다. 폭스바겐은 2028년까지 2800만 대의 전기차를 판매하여 테슬라를 앞지를 생각이다. 시애틀과 로스앤

젤레스는 10년 안에 일부 지역에서 디젤과 가스 자동차를 금지할 계획이라고 밝혔다. 실현 가능성이 없는 말은 아니다. 원유 수요가 줄고 공급이 늘면서 유가가 폭락했기 때문에 몇 달, 혹은 몇 년 정도는 전기차가 세대교체에 어려움을 겪을 가능성이 있다.

문제는 어디까지나 선택은 자유라는 데 있다. 환경을 생각해서 지붕에 태양 전지판을 설치한 마을에도 도로를 보면 지하에 천연가스 관이 있다는 표시가 있다. 이는 천연가스가 친환경에너지라는 헛소문이 퍼지고 사람들이 환경을 파괴하는 화석 연료에 계속 의존하는 결과를 낳는다. 하지만 팬데믹으로 많은 사람이 맑은 하늘을 본 이상, 예전 상태로 돌아가지 않도록 노력할 가능성이 크다.

봉쇄령이 끝나 집을 탈출하는 순간을 떠올려보자. 숲이 우리에게 손짓한다. 오랫만에 밟는 땅의 촉감이 낯설다. 봄은 형형색색으로 만발한다. 새들이 먹이를 주는 사람 앞에서 노래를 부른다. 가터뱀은 느긋하게 햇볕을 쬔다. 나무는 싹을 틔우고 꽃을 피운다. 개울은 싱그러운 경치에 어울리는 곡을 연주한다. 절망으로 가득했던 팬데믹 시대와는 분위기가 완전히 다르다. 아름다운 세상을 보면서 힘이 솟아난다. 봄의 풍족한 기운은 우리에게 자유와 영감을 준다. 팬데믹이 끝난 미래에는 환경을 아끼고 보존할 수 있을까?

월트 휘트먼은 진리를 알고 있었다.

"…나은 사람이 되는 비결은 탁 트인 야외에서 밥을 먹고 땅을 베고 잠을 자는 것이다."

인간이 자연을 망치기는 했지만, 아직 희망은 있다. 우리는 모두 미래를 써 내려갈 준비가 된 시인이다. 이제 움직일 때다.

┌──────────┐
│ 저자 정보 │
└──────────┘

브룩 렌커는 토우손대학교에서 지리학 학사와 석사 학위를 받았다. 평생을 환경 보
호 활동가로 소임을 다했다. 비영리단체 FracTracker Alliance의 국장을 맡아 석유
와 가스 개발이 환경과 공중보건에 미치는 위험을 알리고 있다. 렌커의 소설 《The
Restorers》는 서스쿼해나강을 배경으로 한 환경 서스펜스 소설이다.

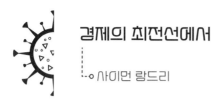

경제의 최전선에서

사이먼 랑드리

코로나바이러스감염증-19는 앞으로 수십 년 동안 영향을 미칠 것이다. 중요한 두 가지 영향을 꼽자면, 서양과 중국 사이의 관계와 경제 변화가 있겠다.

경제부터 살펴보자. 나는 대부분의 서양 국가가 팬데믹을 계기로 생산 체계를 개편할 것이라 믿는다. 세계화는 정점에 이르렀고 우리는 이번 위기를 통해 상품의 생산 가격을 줄이기 위해 외국과 신흥 시장에 지나치게 의존했다는 사실을 깨달았다.

옛날에는 국내에서 생산하는 물건으로 자급자족할 수 있었다. 하지만 지난 수십 년 동안 세계화가 이루어지면서 투자자들은 모든 수단을 동원해 수익을 높일 것을 요구했다. 따라서 회사들은 공장을 해외로 옮겼다. 이러한 선택은 부메랑이 되어 돌아왔고 현재 벗어나기 어려운 악순환이 이어지고 있다.

티셔츠를 사는 소비자를 떠올려보자. 미국산 대신 저렴한 중국산 티셔츠를 구매한 소비자는 자신이 현명한 선택을 했다고 착각한다(가격 차이가 나는 이유는 미국의 근로자가 합당한 대우를 받기 때문이다). 하지만 계속 비슷한 선택을 반복하면 미국 회사는 경쟁력을 높이기 위해 공장을 해외로 옮기는 선택을 할 수밖에 없다. 그러면 국내 노동자들을 전부 해고해야 한다.

일자리를 잃은 사람들은 안정적인 수입이 사라지면서 자연스럽게 저렴한 해외 생산 상품을 구매한다. 이는 또 다른 회사가 공장을 외국으로 이전하는 결과로 이어진다. 다시 실업자가 생기고 악순환이 반복된다.

팬데믹은 개발도상국의 공장에 지나치게 의존하는 현실을 드러냈다. 이러한 경향은 의료 장비 부문에서 유독 심하다. 공장이 있는 나라와 미국이 같이 위기에 휩쓸린다면, 현지 공장에서 필요한 물건을 생산할 수 없을 것이다.

앞에서도 언급했지만, 현재의 경제 모형은 오래갈 수 없다. 반드시 소비 습관을 바꾸어야 한다. 전자 회사가 새로운 휴대전화를 120만 원에 판다고 가정하자. 외국 공장에서 생산하며 원가는 36만 원에서 48만 원 사이다. 상당히 높은 수익률이므로 회사의 투자자는 많은 배당을 받을 수 있다. 이번에는 같은 물건을 국내에서 생산한다고 생각해보자. 해외 운송비가 들지 않지만, 원가는 96만 원이다. 그래도 24만 원이면 이윤이 꽤 괜찮다. 게다가 국내 일자리와 새로운 고객을 얻는 효과도 누릴 수 있다.

미국에도 제조업 공장을 중심으로 작은 마을이 들어서고 경제가 부흥했던 시절이 있었다는 사실을 떠올려보자. 시간이 필요하겠지만, 불가능한 미래는 아니다. 변화를 향한 소비자의 의지만 있으면 된다. 약간 비싸더라도 국내 생산 상품을 구매하는 일이 국내 경제에 어떤 도움을 주는지 공부하고 실천하라. 싫다면, 계속 가격이 저렴한 물건만 사면서 다른 나라의 재정에 보탬을 주도록 한다. 결국, 우리 선택에 달린 일이다.

팬데믹은 중국과 미국의 정치 관계를 바꾸어 놓을 것이다. 오랫동안 강대국들은 중국의 행패를 방관했다. 갈수록 중국에 경제를 의존했기 때문이다. 중국이 북부 지방에 있는 '직업 훈련소'에 이슬람교도를 집단 구금한다는 사실은 이미 모두가 알고 있다. 중국의 지원이 없다면 북한 같은 불량 정권은 진작에 무너졌을 것이다. 중국 공장의 노동 환경은 오래전부터 유명했다. 일부 전자 제품 공장은 노동자가 투신하지 못 하도록 자살 방지용 그물을 설치했다. 서양의 그 어떤 나라에서도 이와 같은 행위를 용납할 수 없지만, 자국의 소비자에게 최대한 낮은 가격으로 상품을 공급하기 위해 필요한 공장이었기에 모른 척할 수밖에 없었다.

그러나 부패하고 무능한 중국 정부가 이번에 저지른 일은 유례가 없을 정도로 위험하다. 중국 정부가 팬데믹이 터지기 전에 코로나바이러스의 존재를 알고 있었다는 사실은 자명하다. 문제를 해결하는 대신 은폐하느라 급급했고 세상에 진실을 알리려 했던 의사의 입까지 틀어막았다. 코로나바이러스감염증-19가 걷잡을 수 없이 퍼진 이유다.

중국 정부가 처음부터 사실을 알리고 투명하게 대처했다면 다른 나라도 신속하게 대비했을 테니 지금처럼 일이 커지지는 않았을 것이다. 중국의 잘못된 선택으로 온 지구가 코로나바이러스감염증-19에 시달리고 있다. 게다가 시간이 지나면 대공황 이후 최악의 경기 침체까지 닥칠 것으로 보인다.

미국은 대규모 실업난과 이번 위기를 타파하기 위해 빌린 2400조 원 때문에 난관에 봉착했다. 각국 정부는 중국에 빌린 돈을 갚는 일을 최우선으로 생각해야 한다. 미국은 중국에 1200조 원의 빚이 있다. 중국은 미국이 2400억 원을 쓰게 한 원인이므로 해당 부채는 무효가 되어야 한다. 또한 다른 강대국을 설득해 국제연합안전보장이사회에서 중국의 지위를 박탈하는 일도 고려할 수 있다.

중국은 과거에도 팬데믹을 일으킨 전례가 있다(돼지 독감, 조류 독감, H1N1 모두 중국에서 유래했다). 지방 전염병도 제대로 관리하지 못해 세상을 마비시키고 수십만 명을 죽게 한 무능한 나라가 지구의 '안보'를 운운할 수 있는가? 미국 정부는 충분히 중국의 지위를 박탈할 수 있으며 다른 나라 역시 미국에 동조할 것이다.

모든 사람이 팬데믹을 딛고 일어나려면 꽤 오랜 시간이 걸릴지도 모른다. 하지만 지금까지 인류는 세계대전과 같은 엄청난 규모의 사건을 겪을 때마다 큰 발전을 이루었다. 우리 대부분은 팬데믹 동안 뿌린 변화의 씨앗이 꽃을 피우기 전에 죽겠지만, 미래 세대를 위해 사회를 바꾸는데 일조할 수는 있다.

┌ ─ ─ ─ ─ ─ ┐
│ 저자 정보 │
└ ─ ─ ─ ─ ─ ┘
사이먼 랑드리는 몬트리올에 산다. 라발대학교를 졸업하고 교육계에 종사하고 있다.
스릴러 《Chestnut Street》라는 책을 썼으며 두 번째 스릴러 소설을 집필하고 있다.

코로나바이러스감염증-19가 경제에 미친 다양한 영향

○ 로런스 크노르

어떻게 시작해야 좋을까? 이 책에 참여한 대다수 저자는 사회의 개인적이고 구체적인 면을 다루고 있다. 이번 장에서는 팬데믹이 경제, 특히 미국 경제에 미치는 다양한 잠재 영향을 살펴보도록 하겠다. 이미 일어나고 있던 변화는 팬대믹을 계기로 더욱더 빨라질 것이다. 폐쇄조치는 경쟁력 없는 기업을 쓰러뜨리고 일부 업계에 영원히 혹은 몇 년 동안 지워지지 않을 상처를 남길 가능성이 크다.

이제 각 업종에 팬데믹이 어떤 영향을 미칠지 알아보자. 순서는 국내총생산(GDP) 기준이다.

부동산, 임대업 (GDP 13%)

부동산이라고 표현하면 많은 사람이 거주용 부동산을 떠올리겠지만, 상업용 부동산도 함께 다룰 생각이다. 거주용 부동산부터 시작하자. 팬데믹이 닥쳐도 사람에게 집이 필요하다는 사실은 변하

지 않는다. 신용이 괜찮고 경제력이 있는 사람이라면 굳이 집을 사
는 일을 나중으로 미룰 이유는 없다. 코로나바이러스감염증-19을
피해서 다른 곳으로 거주지를 옮기는 사람도 있겠지만, 대부분은
직장이나 가족처럼 삶의 질을 결정하는 요소를 고려해서 집을 구
할 것이다.

당분간은 매수자에게 유리하다. 금리가 낮은 데다가 봉쇄령 동
안 매물이 쌓였기 때문이다. 매도자는 불리하다. 급매해야 하는 상
황이라면 가격을 내릴 필요가 있다. 빨리 팔 필요가 없다면 가격을
내리지 말고 경기가 반등할 때까지 기다리자.

부동산 임대시장은 희비가 엇갈린다. 아파트나 콘도 임대업은
호황이지만, 상가 임대업은 불황이다. 사무실 건물은 주거용 건물
보다 가격 회복이 느릴 수 있다. 기업에서 팬데믹 이후에도 재택근
무 체제를 시험할 가능성이 크기 때문이다. 식료품 가게와 약국을
제외한 오프라인 소매점이 사라지고 있다. 무엇이든 잔뜩 쌓아놓
고 판매하는 아마존 때문이다.

상가 부동산 시장은 당분간 사정이 좋지 않다. 식당도 마찬가지
다. 미국인 대다수가 팬데믹 동안 수입이 감소한 데다가 건강에 대
한 인식이 높아지고 집에서 가족과 함께 식사하는 즐거움을 깨달
았으니 아마 몇 년 동안은 외식 빈도가 줄어들 것이다. 특히 상황
이 심각한 곳을 하나만 꼽자면 뷔페가 있겠다.

주 정부, 지방 정부 (GDP 9%)

코로나바이러스감염증-19의 영향을 많이 받은 지역, 다시 말
해 봉쇄령 때문에 주나 지방 경제가 심각한 피해를 본 지역은 세입

이 급격하게 감소했을 가능성이 크다. 주나 지방 정부에 크게 의존하는 곳은 세금이 높은 경향이 있는데, 모두 코로나바이러스감염증-19 때문에 뼈아픈 타격을 받았다.

정부의 피해 정도는 인구 밀도에 따라 다르다. 부동산이나 다른 재산으로 거두는 세금은 거의 줄어들지 않지만, 오프라인 소매점이나 식당이 내는 세금은 크게 줄기 때문이다. 따라서 세입이 감소한 만큼 세출을 줄이고 세금을 인상해야 한다. 연방정부가 주와 지방 정부의 피해를 메꾸기 위해 지원금을 충분히 지급할 것 같지는 않다.

금융, 보험업(GDP 8%)

소규모 은행은 고객과 상호작용하는 방식을 바꿀 것이다. 웬만한 업무는 드라이브스루, ATM, 홈뱅킹 시스템으로 처리할 가능성이 크다.

모든 은행은 대출 상태를 다시 한번 확인해야 한다. 많은 회사가 사라지고 수천만 명이 일자리를 잃으면서 상환을 받는 데 어려움을 겪을 가능성이 크다. 상환일을 늦추는 방법도 있지만, 어떤 식으로든 위험을 줄이는 조치를 하는 편이 현명하다.

앞으로 은행에서 대출하려는 기업은 먼저 기업휴지보험에 가입하거나 팬데믹을 비롯한 여러 위험 요소에 얼마나 취약한지 확인하는 심사를 받아야 할 것이다.

투자업은 대부분 온라인화가 끝났으니 운영 면에서 큰 영향이 없다고 본다. 아마 고객은 새로운 위험 요소를 고려해 투자 포트폴리오를 재구성할 것이다. 포스트 코로나 시대의 위험 모형을 확인하고 투자 상태를 재평가하는 과정에서 뮤추얼 펀드와 상장지수펀드의 투자 양상이 달라질 가능성이 크다.

보험, 특히 건강보험은 코로나바이러스감염증-19의 영향을 심하게 받았다. 국가 차원에서 건강보험을 새롭게 개편하려는 움직임이 예상된다. 민주당은 새로운 단일보험자체제를, 공화당은 민영의료보험체제를 지지할 것이다. 어느 쪽이든 지금보다 유연해야 하며 진료 기록이 있는 사람도 가입할 수 있어야 한다. 코로나바이러스감염증-19처럼 앞으로 어떤 증상이 나타날지 모르는 병에 걸린 적이 있는 사람도 마찬가지다.

생명보험 회사는 수십 년 전 에이즈 사건 때처럼 코로나바이러스감염증-19 관련 질문과 심사를 추가할 것이다. 보험사는 어떤 후유증이 나타날지 모른다는 이유로 코로나바이러스감염증-19를 앓은 사람의 보험료를 높게 책정할 수 있다.

의료 서비스 및 사회사업 (GDP 8%)

이미 설명한 보험과 함께 의료 서비스도 변할 것이다. 크게 아프지 않은 이상 비용과 시간을 절약할 수 있는 원격 의료가 부상할 가능성이 크다. 아마 미래의 새로운 기준이 되지 않을까 한다. 대부분의 보험회사는 응급치료가 필요한 상황이 아니라면 반드시 원격진료부터 받아야 한다는 조항을 넣을 것이다.

원격 의료가 주류로 떠오르면서 병원은 심각하게 아프거나 의료인의 손길이 필요한 사람만 있는 곳으로 변할 가능성이 크다. 따라서 앞으로 병원에서 요구하는 위생 수준은 훨씬 높아질 것이다. 진료실에서는 반드시 마스크를 착용하고 대기실에는 비치한 손 소독제를 사용하는 식이다. 환자가 나갈 때마다 진료실을 청소하고 입구와 출구를 따로 마련해서 환자 사이의 접촉을 최대한 차단할 것 같다.

약국으로 넘어가자. 우편 주문과 배달 서비스의 수요는 계속 늘어나고 있다. 원격의료가 보편화하면서 이용자는 앞으로 쭉 증가할 것이다. 추세를 따라가지 못하는 약국은 매출이 감소할 수밖에 없다.

내구재(GDP 6%)

내구재는 수년 이상 쓸 수 있는 물건이다. 자동차, 가전제품, 총, 트랙터가 내구재에 속한다. 자동차 회사를 운영하고 있다면, 당분간 손님 구경이 힘들지도 모른다.

신차는 예상보다 재고가 많이 남을 것 같다. 팬데믹이 닥치기 전에는 호황을 누렸으므로 내구재 생산량이 상당히 많았다. 자동차를 새로 구매할 생각이라면 다음 몇 달을 노려라. 평생 다시 오지 않을 기회다. 금리는 낮고 할인율은 높다. 반면, 중고차 시장은 상황이 좋지 않다. 새 차 수요가 늘어나면서 중고차 가격은 내려간다.

다른 내구재도 사정은 마찬가지다. 새 물건을 사기에는 좋지만, 중고는 팔기 어려운 시기다.

소매업(GDP 6%)

부동산 부분에서 어느 정도 설명했다. 소매업은 전부터 오프라인에서 온라인으로 체제를 전환하고 있었다. 경쟁력이 없으면 팬데믹을 계기로 사라지겠지만, 온라인에서 입지를 굳혀 놓았다면 호황을 누릴 가능성이 크다. 그 예로, 니만 마커스(113년 동안 운영한 미국의 고급 백화점)는 파산을 신청했으나 아마존은 판매 기록을 갈아치우며 승승장구하고 있다.

식료품점은 예외다. 사람들이 외식하는 대신 음식을 사서 먹었기 때문에 매출이 거의 두 배로 늘었다. 수요가 급격하게 늘어난 탓에 제품은 많은데 공급이 안 되어서 문제가 생기기도 했다. 소매용이 아닌 업소용 제품은 어쩔 수 없이 폐기해야 할 판이다.

소매업자들은 식료품점이 팬데믹 동안 즐거운 비명을 지르는 모습을 보고 변화를 꾀했다. 개인보호장비를 사용하고 매장 위생을 철저하게 관리하는 식이었다. 일부는 매장 내의 손님 동선을 조정하고 온라인 주문, 배달, 방문 포장 서비스를 최적화했다. 이러한 체제는 팬데믹이 끝난 뒤에도 크게 바꾸지 않을 가능성이 큰데, 생존하려면 어쩔 수 없이 유지해야 할 것이다.

지난 몇 주 동안 식당은 너나 할 것 없이 파리만 날렸다. 살아남은 요식업자들은 온라인 주문과 방문 포장 서비스에 힘을 실었다. 식당 내부 구조와 자리 간격에 관한 제도가 등장할 수 있다는 사실을 생각하면, 팬데믹 이후에도 방문 포장 서비스를 계속 제공하는 것이 현명하다.

도매업 (GDP 6%)

도매업자는 소매업자와 제조업자 사이를 잇는 중간상이다. 제조업자가 도매업자의 일을 함께 수행하는 사례도 많다. 도매업의 근간은 상품을 곳곳으로 옮기는 물류업이다. 팬데믹 내내 놀라운 활약을 펼친 사람들이 물류업 종사자들이다. 식당이나 기관과 거래하던 도매업자는 일이 없어 한가했겠지만, 온라인 매장이나 식료품점 혹은 약국에 물건을 공급하는 사람들은 눈코 뜰 새 없이 바빴을 것이다. 도매업은 앞으로도 황금기를 누릴 가능성이 크다. 대신, 업자들은 유통 체계를 새롭게 바꿀 필요가 있다.

비내구재 (GDP 6%)

경기가 갑자기 호황기에서 불황기로 넘어가면서 많은 사람이 소비 습관을 바꾸었다. 사치품과 고급품의 수요는 크게 줄었으나 음식이나 개인보호장비와 같은 필수품 수요는 급증했다. 이러한 현상은 경제가 얼어붙는 동안 계속 이어질 것이다. 사치품 수요는 상황이 좋아지고 실업률이 떨어지면 올라갈 수밖에 없다.

걱정되는 부분은 식량을 제외한 비내구재의 국내 생산량이 매우 적다는 것이다. 우리는 중국을 포함한 여러 나라의 수출에 의존한다. 신발이나 옷도 국내에서 생산하는 제품이 거의 없다. 약 역시 대부분 다른 나라에서 수입한다. 개인보호장비 역시 대다수가 해외 공장 제품이다. 말하자면 끝도 없으니 예는 여기까지 들겠다.

국가 안보와도 관련 있는 중요한 문제다. 정부는 필수 소비재를 생산하는 기업을 대상으로 온쇼어링이나 니어쇼어링 정책을 펼치면서 필요한 생산 기반을 확보할 것이다.

연방 정부 (GDP 5%)

연방 정부는 일 년 만에 유례없는 빚을 떠안았다. 오랫동안 세입을 늘리고 세출을 줄여야 한다. 워싱턴, D.C.는 세출 내용을 꼼꼼하게 살피고 허리띠를 졸라맬 것이다. 최근 실시한 감세 조치는 폐지할 가능성이 높다. 또한 미국 정부는 중국에 피해 보상을 요구하기 위해 총대를 메고 다른 나라의 지지를 구할 것이다. 일이 잘 풀리면 중국에 진 부채를 탕감하거나 보상을 받겠지만, 길이 순탄해 보이지는 않는다.

정부는 엄청난 돈을 찍어내서 부양책을 추진할 계획이라고 밝힌 바 있다. 사람들은 달러 가치가 떨어지고 인플레이션이 발생할지도 모른다고 생각한다. 지금은 달러 강세 시기다. 미국이 다른 나라보다 훨씬 유리한 입장에서 곤경을 헤쳐나갈 수 있다는 뜻이다. 하지만 달러가 약세로 돌아서면 달러 가치가 떨어지면서 인플레이션에 허덕일 수 있다. 그전까지 죽음의 디플레이션을 버텨낸다면 말이다.

정보업 (GDP 4%)

빅데이터와 인공지능이 미래의 핵심이다. 온라인 판매와 온라인 활동의 비중을 높이려면 고객의 필요를 이해하고 효과적인 방식으로 마케팅하기 위해 치밀한 분석이 필요하다. 정보업은 팬데믹의 영향을 거의 받지 않았다. 재택근무 체제로 전환하기 쉬운 덕에 대다수의 근로자가 일자리를 잃지 않았기 때문이다. 정보업의 앞날은 밝다. 정보업 종사자들은 꾸준히 돈을 소비하고 가격이 내려간 내구재를 사면서 미국의 불황을 타파하는 데 도움을 줄 것이다.

예술과 오락 (GDP 4%)

경기장, 무대, 극장과 같은 문화 시설은 문을 닫았다. 정부의 안전 지침상, 5만 명 이상의 관객을 좁은 공간에 몰아넣는 일은 용납

할 수 없다. 예술과 오락 분야가 회복하는 데 얼마나 걸릴지 지켜 보는 일은 꽤 흥미로울 것 같다. 언제쯤 텅 빈 경기장에 관중이 다 시 가득 찰 수 있을까? 그런 날이 오기는 할까?

이런 의심을 비웃기라도 하듯, 온라인이나 방송 프로그램은 계 속 번영하고 있다. 이쪽 업계종사자들은 사람들이 그냥 집에 있는 편이 더 좋을 것이다. 영화 산업도 마찬가지다. 영화관에 가는 대 신 집에서 다운로드받아서 보는 사람이 점점 늘어나는 추세다. 얼 마나 많은 영화관이 팬데믹에서 살아남을 수 있을까? 사람들이 과 연 위험을 감수하면서까지 영화관에 갈까?

예술과 오락 산업이 위축되면서 음식업, 음료업, 보안업처럼 가 까운 관계에 있는 업종도 피해를 볼 것이다. 마찬가지로 당분간 규 모를 줄여야 할 필요가 있다. 모두가 백신을 맞기 전까지는 경기 관람은 자제하도록 하자.

건설(GDP 4%)

믿기 힘들겠지만, 많은 주에서 봉쇄령 동안 모든 공사를 중단했 다. 불필요한 조치인데, 건설 현장은 대부분 야외인 데다가 사회적 거리 두기 캠페인이 의미가 없기 때문이다. 인부끼리 가까이 붙어 서 작업하는 상황은 몹시 드물며 팬데믹 이전부터 마스크나 개인 보호장비 착용이 필수였다.

그래도 건설업의 흥망을 점치는 일은 꽤 흥미롭다. 거주용 건물 쪽은 별 영향이 없겠지만, 상가를 짓는 회사는 타격이 있을 것이 다. 공실률이 치솟고 있다는 사실을 떠올려보자. 기존의 상가 건물 은 철거하거나 구조를 바꾸고 용도를 변경할 필요가 있다. 이러한 일을 하는 사람도 건설업 종사자다.

정부가 도로, 다리, 공항과 같은 공공 건설 사업을 진행하면서 인프라에 투자할 가능성도 있다. 지역 경제에 보탬이 되겠지만, 이용자 수가 적다면 장기적 영향은 기대 이하일 것이다.

폐기물 처리 (GDP 3%)

소비문화에서 큰 비중을 차지하는 사업이다. 외식 빈도가 줄고 식료품 가게 매출이 약간 늘면서 가정에서 버리는 포장지와 재활용품이 많아졌다. 재활용 쓰레기는 너무 많아서 처치 곤란이다. 이제 플라스틱과 종이를 어디에 버려야 할까?

앞으로 우리도 폐기물을 처리하는 일에 협조해야 한다. 폐기물 처리 업체 역시 위생 관행을 개선할 필요가 있다. 물론 별다른 조치 없어도 수요는 넘칠 것이다.

서비스 (GDP 3%)

라스베이거스의 서비스만 말하는 것이 아니다. 문신, 미용, 청소를 포함한 모든 업종에 해당하는 이야기다. 중소기업이 참 많은 분야다. 개인보호장비, 위생, 사회적 거리 두기에 빠르게 적응한다면 남보다 앞서 나갈 것이다. 그렇지 않다면 회복하는 데 더 오래 걸릴지도 모른다. 두려움을 느낀 고객이 떨어져 나가면 일을 그만두어야 할 수도 있다. 조경사, 도장공, 정원사처럼 야외에서 일하는 사람은 별 영향이 없다. 하지만 집이나 사무실처럼 실내에서 근무하는 업종은 고객의 새로운 요구 사항에 따라야 할지도 모르겠다.

공익사업 (GDP 2%)

생활에 없어서는 안 되는 전기, 가스, 상하수도가 여기에 해당한다. 당연히 수요는 변하지 않는다. 요금 독촉에 신경 쓰고 위험성이 있는 일부 분야를 잘 살피기만 하면 된다.

광산업 (GDP 2%)

광산업이라고 하면 보통 펜실베이니아와 웨스트 버지니아의 석탄업이나 캘리포니아와 네바다의 금광업을 떠올린다. 하지만 미국의 주요 산업인 원유 시추업도 있다. 팬데믹 발발 당시, 미국은 세계 최고의 원유 및 가스 생산국으로 셰일 가스 채굴에 크게 의존하고 있었다. 미국의 원유 1배럴당 생산 원가는 중동이나 러시아보다 훨씬 비싸다.

원유 시장은 수요가 급감하는 상황에서 저장시설까지 부족해지며 공급 과잉 상태로 들어갔다. 기가 막힌 시점에 러시아와 사우디아라비아가 유가 전쟁을 벌였고 결국 2020년 봄에 원유 선물은 사상 처음으로 마이너스를 기록했다. 다시 말해, 생산자가 상품을 판매할 수 없다는 뜻이다. 오히려 원유를 가져가는 사람에게 돈을 주어야 할 판이다.

미국의 원유 생산자 입장에서 한 배럴이 3만 5000원 이하로 내려간 현재 상황은 말 그대로 재앙이다. 원유 선물이 마이너스로 진입한 이상 어떤 손해가 닥칠지 모른다. 규모가 작은 업체는 곧 파산할 것이다. 미국 업체끼리 힘을 합치고 수입 원유에 관세를 부과하는 방향으로 위기를 벗어나야 한다.

공급망을 유지하기 위해 중동에서 계속 전쟁을 치르는 대신, 원유를 자급자족하면 많은 돈을 절약할 수 있다. 공급망을 사수하면서 시장 위험성을 높이는 일은 그만두고 다른 방안을 모색해야 한다. 국내에서 생산하는 원유의 품질을 높이는 것도 좋은 생각이다.

트럭 운전사, 항공업 종사자, 자동차 여행자라면 휘발유 가격은 당분간 낮다고 생각해도 무방하다. 공급 과잉은 18개월 정도 이어질 것 같다.

경영 (GDP 2%)

회계사, 경영 컨설턴트, 변호사는 앞으로도 돈을 잘 벌 것이다. 긴말하지 않겠다.

교육 서비스 (GDP 1%)

학교는 오프라인에서 온라인 체제로 급격하게 전환했다. 팬데믹에서 얻은 교훈은 앞으로의 가능성에 날개를 달아줄 것이다. 원격 교육 프로그램을 중심으로 온라인 교육 도구와 서비스를 개선할 가능성이 크다.

학부모와 학생은 원격 교육의 질을 기준으로 학교를 판단할 것이다. 교실에 들어가 수업을 듣는 대학 생활은 곧 역사의 뒷장으로 사라질지도 모른다.

농업 (GDP 1%)

농림축산업은 거의 피해가 없다. 물론 상품의 종류는 바뀔 수 있다. 또한 중국과의 관계가 된서리를 맞는다면 수출량이 줄어들지도 모른다.

세계로 시장을 넓히기 시작하면, 자유 무역 지대를 이용하거나 자유무역협정을 맺는 일도 고려할 필요가 있다.

캐나다 / 멕시코

가까운 무역 상대국이자 미국의 주요 수출국이다. 미국 역시 캐나다와 멕시코의 핵심 무역 상대국이다. 앞으로 니어쇼어링과 온쇼어링 정책이 빛을 보려면 캐나다와 미국의 무역 관계를 반드시 긴밀하게 유지해야 한다. 중국에 대한 수출을 줄이고 멕시코나 중앙아메리카 그리고 남아메리카 국가에 대한 수출을 늘리는 방안이 필요하겠다.

중국

코로나바이러스감염증-19가 세계로 퍼지는 동안 중국 정부가 한 일을 생각했을 때, 미국을 포함한 대부분 나라는 제조 공장을 중국에서 다른 곳으로 옮길 가능성이 크다. 예전부터 진행하고 있던 계획이었는데, 이번 사태로 일부 제품의 공급망이 갑자기 무너지면서 더욱 확실해졌다. 중국은 앞으로 생산 기반이 조금씩 빠져나가면서 큰 손해를 볼 가능성이 크다. 중국이 자국에 소비 시장을 형성해 생산 제품을 처리하는 해결책을 쓰기를 기대하는 바이다. 하지만 이를 위해서는 중국이 규제를 적절하게 풀어주어야만 한다.

유럽

유럽 연합은 코로나바이러스감염증-19 사태 동안 힘을 모으기 위해 애를 썼다. 이탈리아나 스페인처럼 비교적 가난한 남부 국가가 독일이나 네덜란드와 같은 부유한 북부 국가보다 타격이 컸기 때문이다. 브렉시트가 진행 중인 상황에서 유럽은 이제 독일을 중심으로 뭉치는 추세다. 물론 브뤼셀에서 열리는 유럽연합 회의에서 독일이 제안한 재정 운용 방식에 다른 나라가 모두 동의하지 않는다면 앞날은 확신할 수 없다.

또한 유럽 연합은 미국처럼 새로운 무역 정책을 추진할 것으로 보이는데, 현재 유럽 대륙의 공급망을 통합할 방안을 찾고 있다. 환태평양 경제동반자 협정을 맺었던 것처럼, 유럽과도 범대서양 무역투자동반자 협정을 맺고 무역 관계를 이어가기를 바란다.

영국

브렉시트는 영국과 무역 관계를 단단하게 할 절호의 기회다. 코로나바이러스감염증-19 사태 이후 영국이 계속 유럽 연합과 거리를 두려고 하는지 지켜보는 일은 꽤 재미있을 것 같다. 앞으로도 둘 사이의 분위기가 좋지 않다면, 영미 관계는 더 끈끈해질 수 있다. 유럽 연합이 분열하는 동안 영국을 방대한 북미 시장으로 끌어들이면 된다.

일본 / 호주 / 뉴질랜드

중국에 대한 우려가 커지면서 중국 의존도를 낮출 가능성이 높다. 따라서 자연스럽게 다른 나라와 북미와의 관계를 강화할 것이다.

인도

인도는 역사적으로 영국과 밀접한 관계가 있으며 제2외국어로 영어를 배우는 나라이므로 앞으로 중요성이 계속 커질 것으로 보인다. 인도의 정보 기술은 지난 20년간 계속 발전했으며 앞으로도 전망이 밝다. 인도 역시 중국과의 관계를 정리하고 유럽과 북미 국가에 집중할 것이다.

중동

석유 시장은 엉망진창이다. 이제 미국은 가격이 높기는 해도 석유와 가스 업계를 이끄는 생산국이다. 석유 가격이 폭락하면 손해를 보는 쪽은 석유 수출에 의존하는 중동 국가다. 중동은 시간이 지나면 석유 가격을 지속 가능한 수준으로 다시 돌려놓을 것으로 보인다. 하지만 중동은 전략적 중요성이 떨어지고 있으므로 미국이 중동을 비호하는 일은 없을 것 같다.

남미 / 동남아시아 / 아프리카

우리의 주된 교역 상대국은 아니다. 하지만 중국의 생산 기반을 다른 곳으로 옮기면서 베트남에 대한 수입이 늘어나기는 했다. 공급망 재정비 및 다양화 정책이 처음으로 빛을 발한 사례일지도 모른다. 세계가 공급망을 손보는 동안 미국 역시 새로운 무역 상대국을 모색할 필요가 있다.

애덤 스미스와 《국부론》의 시대에는 무역에 절대 우위라는 개념이 있었다. 중국은 최근 이 왕좌에 앉은 국가처럼 보였다. 데이비드 리카도는 비교우위라는 개념을 도입하면서 이 모형을 개선했다. 정리하면 국가는 각자가 효율적으로 생산할 수 있는 물건을 서로 주고받는다는 내용이다. 생산 기반을 세웠을 때 원가를 가장 낮출 수 있는 나라는 중국일지도 모른다.

하지만 중국보다는 못 하겠지만 경쟁력 있는 제품을 생산할 수 있는 나라는 많다. 다른 모형에서는 가격뿐 아니라 위험 요소까지 고려한다. 다시 말해 무역 관계에 투입하는 잠재 비용을 고려했을 때, 원가는 단순히 노동력과 재료비용을 합친 결과가 아니라는 뜻이다. 무역에 차질이 생겼을 때의 손해, 일자리와 생산 기반의 손실, 지역 경제에 미치는 피해, 국민의 건강과 복지까지 생각해야 한다. 모든 요소를 계산하면, 실제 비교 우위는 거리와 안전성에 더 높은 가치를 둔다. 코로나바이러스감염증-19가 남긴 뼈아픈 교훈이다.

┌ ─ ─ ─ ─ ─ ┐
│ 저자 정보 │
└───┐
로런스 크노르는 경영학 석사를 취득하고 대학교에서 20년 동안 경영학과 경제학을 가르치고 있다. 정보 기술 기업에서 중역을 지냈으며 지금은 선버리 출판사의 설립자이자 최고경영자로 있다. 저자 혹은 공저자로 작업한 책은 20권이 넘는다.
└──┘

물질 vs 영성

ㅇ 페니 플레처

나는 코로나바이러스감염증-19라는 세계적인 위기가 어떤 미래를 불러올지 상상하다가 문득 영국이 낳은 록스타, 존 레넌의 명곡 〈이매진〉이 떠올랐다. 증오와 공포가 없는 평화로운 세상, 노숙자에게 집을 제공하고 굶주리는 이에게 음식을 주는 세상, 인종, 종교, 돈에 상관없이 서로를 돕는 아름다운 세상을 상상해보라.

본의 아니게 오랫동안 실내에 머무르게 된 사람들은 삶을 바라보는 시각을 바꿀지도 모른다. 명상을 배우거나 새로운 혹은 잊었던 신앙심을 품고 기도할 수도 있다. 확신하기는 어렵지만, 우리가 모두 신비롭고 눈에 띄지 않는 방식으로 이어져 있다는 사실을 발견할 수도 있다. 예수, 부처, 무함마드와 같은 위대한 성인이 어째서 한 사람의 곤경이 곧 모두의 곤경이라고 말했는지 깨닫는 식이다.

인종, 종교, 문화로 편을 나누는 일은 헛되며 모두가 인류라는 단 하나의 종 아래 속한다는 사실을 알아차릴 것이다. 누구를 숭배하든 어떤 교리를 믿든 자신이 존재한다는 사실을 느끼고 감사하는 태도를 가져야 한다.

내게 영성이라는 말은 이런 뜻이다. 작은 것에서도 영성을 볼 수 있다. 하루는 찢어지게 가난한 젊은 여자가 "나는 실직자입니다"라고 적힌 갑판을 목에 맨 남자에게 샌드위치와 커피를 건네는 모습을 본 적이 있다.

내가 사는 탬파만에는 항상 노숙자가 있다. 가난하고 약한 사람들은 대부분 날씨가 따뜻한 지역으로 이동해 숲 근처에 무리를 짓고 산다. 끼니는 가게나 식당에서 버리는 음식으로 해결한다. 탬파의 비영리단체 메트로폴리탄 미니스트리스는 코로나바이러스감염증-19 사태가 터진 이래 300명이 넘는 어린이와 200만 가구에게 지낼 곳을 제공했다. 또한 요깃거리가 담긴 봉투와 따뜻한 음식을 매주 나누어주는 덕에 차와 사람이 줄을 서서 받아 간다.

봉사자들은 예전에도 도움이 필요한 사람이 있었지만, 코로나바이러스감염증-19 사태 이후 유례없이 늘어났다고 밝혔다. 다들 피곤함에 시달리면서도 꿋꿋하게 버티고 있다.

언론이 안 좋은 부분에 집중하는 와중에도 코로나바이러스감염증-19가 휩쓸고 간 자리에 의인이 나타났다는 이야기가 계속 나오고 있다. 몇 주 전, 나는 텔레비전 뉴스에서 72세의 이탈리아 신부 돈 주세페 베라르델리가 자신의 호흡기를 어린아이에게 주고 숨을 거두었다는 소식을 보았다. 메인주에 거주하는 건물주 나단 니콜스에 관한 특집 기사도 읽었다. 나단은 자신이 소유한 아파트에 사는 약 200가구의 4월 월세를 받지 않기로 했다. 영성이 대단하다.

다들 마찬가지겠지만, 나는 병원 복도와 응급실에서 환자를 돌보는 의사와 간호사의 모습이 화면에 등장할 때마다 감사하는 마음이 든다. 권력과 부를 거머쥔 자에게 지나친 호의를 보이는 사람들도 같은 마음이어야 한다. 많은 사람이 보이지 않는 곳에서 본분을 다하고 있다는 사실을 깨닫게 해주기 때문이다. 환경미화원이나 식료품점 직원을 포함해서 지역 사회가 제 기능을 할 수 있도록 마스크와 장갑을 끼고 일하는 이들에게도 역시 감사할 따름이다.

세계 종교계 대부분이 페이스타임이나 줌을 비롯한 프로그램으로 컴퓨터와 휴대폰을 통해 사람들에게 힘과 기운을 북돋고 있다는 사실도 희망차다. 1918년 스페인 독감 팬데믹 때는 없던 기술이다. 당시 사람들은 최신 안전 조치를 빨리 들을 수 있는 수단이 없었고 같은 마을에 거주하지 않는 이상 사랑하는 이들과 연락할 방법도 없었다.

아마 코로나바이러스감염증-19가 자취를 감추면 교회, 유대교 회당, 절, 모스크를 찾는 사람이 많아질 것이다. 지금도 온라인으로 많은 사람이 서로를 위해 기도하고 있으며 열정은 그 어느 때보다도 뜨겁다. 바이러스가 사라진 뒤에도 지금처럼 서로를 아끼고 사랑할 수 있을까? 전에는 존재조차 몰랐던 이웃을 돌보는 일이 일상이 될까? 종교가 다른 사람을 더 쉽게 포용하고 영성이 깊어질 수 있을까?

우리는 과거에 인간이 부족 생활을 했다고 배웠다. 각 부족원은 역할을 나누어 부족을 발전시켰다. 오늘날의 사회는 구성원에게 "빨리빨리"를 강요한다. 하던 일을 멈추고 숨을 돌리며 현재에 머무르기 어려워졌다는 말이다.

현재가 우리가 가진 전부다. 지금 이 순간이 아닌 나머지는 전부 과거나 미래이며 바로 통제할 수 없다. 지금 순간, 다시 말해 '현재'를 어떻게 써야 좋을까? 옛날에는 책을 읽을 여유가 없었던 내 지인은 팬데믹을 계기로 독서를 시작했다. 새로운 습관을 만들거나 배우고 싶었던 언어를 공부하는 사람도 있다.

나는 직업상 집에서 일해도 별문제가 없었기에 다른 사람들처럼 삶이 망가지거나 하지는 않았다. 하지만 수천 가구가 참담한 피해를 보았다는 소식에 마음이 참 아프다. 여러 연구에 따르면 80%에 달하는 미국인이 간신히 먹고 살고 있다. 물론 코로나바이러스 감염증-19가 터지기 이전에도 80%가 넘는 국민이 입에 풀칠하던 나라도 많다.

삶을 영위하려면 대체 돈이 얼마나 필요할까? 팬데믹 이전과 이후에 친구와 이를 주제로 토론한 적이 있다. 한 명은 돈 대신 남는 물건이나 서비스를 다른 사람의 필수품과 바꿀 수 있으면 좋을 것 같다고 말했다.

돈에 쪼들리는 이 시간이 우리의 소비 습관을 반성하는 계기가 될까? 우리가 완전히 벼랑 끝에 몰린 뒤에도 신발을 세 켤레 혹은 네 켤레씩 사서 돌려 신을까? 돈을 모으는 대신 새로운 코트나 가구를 살까?

얄궂게도, 사람들은 공원과 해변이 폐쇄되고 나서야 자연의 아름다움을 깨달았다. 갑자기 모래사장이나 이슬에 젖은 부드러운 잔디밭을 걸으며 지저귀는 새와 시끄러운 다람쥐를 구경하고 바다 냄새를 맡고 싶다. 시내를 걷는 일도 예전과 다르다. 이제 식당을 지날 때 갓 구운 빵과 케이크 그리고 파이 냄새가 나지 않는다. 우체통 뒤와 계단 아래서 숨바꼭질을 하던 아이들도 사라졌다.

많은 사람이 당장 가질 수 없는 것을 원한다. 지금 원하는 것은

'정상'이었던 생활이다. 하지만 아직 때가 이르다. 이전보다 나은 세상을 만들기 위해서는 더 많이 배워야 한다.

이것도 코로나바이러스감염증-19가 남기는 교훈일까? 나쁜 소식을 들었을 때 "너를 위해 기도할게"라고 말하고 일상으로 돌아가며 까맣게 잊는 대신 다른 사람을 위해 헌신적으로 기도할까? 많은 사람이 팬데믹을 계기로 영성을 갈고 닦았을까? 영성은 인간이라면 누구나 지니고 있다. 단지 다른 이름으로 부르기 때문에 모를 뿐이다. 일부는 단순히 영성을 땅, 하늘, 바다에 감사하는 태도로 여긴다.

경외하고 감사하는 마음을 잊으면 쾌락을 주는 '물질'에 의존해 공허함을 채우려 할 수 있다. 유행하는 옷, 비싼 차, 커다란 집을 사서 먼지를 털고 청소하는 일을 목적으로 삼는 삶이 여기에 속한다. 나는 이러한 가치관을 물질만능주의라고 부른다.

물론 아름다운 물건을 가지면 기분이 좋다. 하지만 너무 많아도 부담이다. 어떻게 보관해야 하지? 누가 훔쳐 가면 어떡하나? 자물쇠를 몇 개나 채워야 할까? 내면의 공허함은 내가 지난주에 본 젊은 여성처럼 단순히 "나는 실직자입니다"라고 적힌 간판을 든 사람에게 샌드위치와 커피만 건네도 채워질 수 있다.

물질주의는 "나눌수록 가난해진다"라는 문장으로 요약할 수 있다. 하지만 영성을 중시하는 가치관은 다르다. "나눌수록 커진다"는 논리다. 돈이 전부가 아니다. 마음의 평화, 건강한 신체, 다른 사람의 행복에서 오는 만족감으로 공허한 속을 채울 수 있을지도 모른다. 팬데믹이 기승을 부리는 동안 정상적으로 살 수 없다는 사실에 툴툴거릴 수도 있고 내면을 새롭게 채우면서 더 나은 세상을 만들 수도 있다.

선택은 우리의 몫이다. 그림을 그려도 좋고 시를 써도 좋다. 명상을 배워도 되고 오래된 친구에게 편지를 써도 무방하다. 결국 모든 일은 결국 이런 행위에서 시작한다. 시간을 가치 있게 보내면 어떤 식으로든 우리에게 돌아온다. 모든 성인이 그렇게 말했다. 단지 다른 언어와 단어를 사용했을 뿐이다.

저자 정보

페니 플레처는 형이상학을 오래 연구한 학생이다. 과학과 영성이 '삶'이라고 부르는 창조의 불꽃을 찾으며 하나가 되는 모습을 관찰했다. 저자이자 편집자이자 코치인 플레처는 세계의 작가와 온라인으로 함께 작업한다. 하나님의 천사가 모든 영혼을 만들고 사랑하고 도와준다고 믿는다.

필요는 창조의 어머니

ㅇ 크리스 펜윅

우리가 코로나바이러스감염증-19 팬데믹이 사회에 미치는 영향을 다루는 책을 내기 위해 주제 선정 브레인스토밍을 시작했을 때, 나는 인간의 창의력이 우리의 미래를 어떻게 구할지 쓰고 싶었다. 꽤 근사한 일이다. 창의력도 마찬가지다. 인류에게 초능력이라고 할 만한 힘이 있다면, 일어나지 않은 일을 상상하고 직면한 문제를 새로운 방식으로 풀어내는 능력일 것이다.

우리는 난관에 봉착했다. 코로나바이러스가 온 세상에 창궐하기 전부터 미래가 불안했다. 기후 변화, 빈곤, 핵무기, 정계와 군계의 과대망상증 환자들이 우리를 위협했기 때문이다. 하지만 우리가 한때 끔찍한 위협이라고 생각했던 문제에 집중하는 동안, 일부 전문가는 팬데믹이 어떤 파문을 불러올지 계산하고 있었다. 대부분은 축복에 가까울 정도로 무지한 덕에 평소대로 생업에 종사했다. 앞날을 내다본 사람만이 미래를 예측하고 대책을 세웠다.

마침내 우리가 현실을 받아들였을 때는 이미 팬데믹이 온 세상에 퍼진 뒤였다. 창의적인 문제 해결사와 각 분야의 전문가들은 미래를 보는 선지자이며 팬데믹은 물론이고 앞으로 위기에 놓일 때마다 지혜를 제공할 인재다.

인류는 지금까지 수많은 역경을 이겨냈다. 사람이란, 고난에 빠지면 인생을 멀리서 보기 마련이다. 팬데믹 한가운데서 사망자 수가 늘어나는 모습을 관찰하다 보면, 여러분은 인생을 더 완전하게 살자고 결심하든지 현실을 외면하고 숨든지 둘 중 하나를 선택할 것이다.

일상에 필요한 물건을 사기가 어렵다는 사실을 알면, 한계를 뛰어넘은 창의력을 발휘할 수도 있고 두려움과 절망에 빠져 아무것도 하지 못할 수도 있다. 필요는 발명의 어머니였으며 앞으로도 그럴 것이다. 좋은 환경에서 발명하지 말라는 법은 없지만, 뇌에서 사용하지 않아 녹슨 부분을 깨우려면 자신을 한계로 내몰아야 한다.

팬데믹이 모두에게 같은 영향을 미치는 것은 아니다. 조금 불편한 데서 그치는 사람도 있지만, 가정과 건강을 위협받는 이들도 있다. 팬데믹이 터지기 전의 재정, 인간관계, 성장 수준에 따라 이번 폭풍을 이겨내는 일이 쉬울 수도 어려울 수도 있다. 많은 사람이 최악의 상황에 부딪혔다. 생존 본능이 온통 뇌를 장악하고 창의력은 드문드문 나타난다. 길거리에 나앉으면 창의성이 떨어지기 마련이다. 가난한 사람일수록 심하게 고통받는다.

나머지는 다양한 방식으로 살아날 길을 찾는다. 창의력을 발휘하면서 팬데믹을 이겨낼 방안을 모색한다. 무엇을 할 수 있는지, 무엇을 해야 하는지 확인하고 이상과 현실의 간극을 어떻게 메울 수 있는지 상상한다.

코로나바이러스감염증-19가 어떤 식으로 미래를 바꾸어 놓을지는 정확히 알 수 없다. 경제에 어떤 영향을 미칠지도 모른다. 하지만 역사를 돌아보며 유사한 사례를 참고하고 예상할 수는 있다. 1929년에 찾아온 대공황은 10년 동안 이어진 미국 역사상 최악의 경기침체다. 여러 요소가 함께 겹친 바람에 더 길고 혹독했는데, 식량 부족을 유발하고 많은 사람의 목숨을 앗아간 더스트 볼도 여기에 해당한다.

"지나고 나면 보인다"라는 말이 있다. 대공황 당시의 미국인은 독창성, 끈기, 행동력이 뛰어났다. 다음 6가지 발명품은 일상에서 자주 쓰는 물건인데, 전부 대공황 시대에 탄생했다. 모두 지금 우리에게 필요한 유형의 창의력을 발휘한 사람들 덕분에 빛을 볼 수 있었다. 읽으면서 머리라는 환상적인 창의력 주머니를 사용할 새로운 방법을 찾아라. 우리는 제이콥 쉬크 대령, 맬컴 휠러 니컬슨, 프랭클린 딜라노 루스벨트 같은 사람이 필요하다!

100년 후, 우리의 손자와 증손자들은 코로나바이러스감염증-19 팬데믹이 남긴 유산과 당시의 경제 위기에 관한 글을 읽을 것이다. 일부는 조상 중 상상력이 뛰어난 사람이 위기 상황 속에서 지금 자신이 사용하는 물건을 발명했다는 사실을 알아낼지도 모른다. 후대에 이름을 남기기 위해 어떤 상상을 할지는 여러분의 선택이다.

버터밀크 팬케이크 - 사워밀크의 재발견

버터밀크가 무엇인지 모르는 사람도 버터밀크 팬케이크와 비스킷은 잘 먹는다. 버터밀크는 우유로 버터를 만드는 과정에서 나오는 부산물이며 버터를 먹기 시작할 때부터 있던 음식이다. 지방이 적고 우유의 단백질 대부분을 함유하고 있다. 진짜 버터밀크는 발효하면서 맛이 진하고 톡 쏘는 크림이 된다. 요즘 나오는 대부분 버터밀크는 배양하고 저온 살균하기 때문에 부모님이나 조부모님 세대가 대공황 때 먹던 맛과는 조금 다르다. 가당 우유보다 약간 더 신 정도다.

농부들은 옛날부터 버터밀크를 많이 마셨고 요리에도 활용했다. 하지만 버터밀크가 본격적으로 인기를 끈 시점은 대공황 동안 가난한 사람들이 흔하게 마시면서부터다. 대공황 때 버터밀크의 인지도가 높아진 이유가 당시 공장에서 처음으로 배양 버터밀크 생산을 시작했기 때문이라고 주장하는 사람도 있는데, 그것도 맞는 말이다.

돌아가신 시어머니, 그레이시 팬윅이 들려준 이야기에 따르면, 버터밀크는 가격이 일반 우유의 3분의 1에 불과했고 구하기도 쉬웠기에 가정의 우유 대용품으로 자리 잡을 수 있었다. 버터밀크는 저렴한 가격에 우유와 같은 단백질을 제공했다. 조부모님 세대가 버터밀크의 맛을 개선하고 다양한 요리법을 개발한 이유가 여기에 있다. 시고 톡 쏘는 맛의 버터밀크는 팬케이크, 비스킷, 감자 등과 완벽하게 어울리면서 음식의 맛을 풍부하게 한다. 조부모님 세대 덕분에 즐길 수 있는 요리다.

처음부터 사람들이 버터밀크를 좋아했을지는 미지수다. 하지만 사람은 원래 적응의 동물이고 굶기 싫으면 구할 수 있는 음식으로 만족해야 한다. '미국 남부 음식' 대부분은 한때 영국계 미국인이 혐오하던 재료를 섞어 만든다(오크라, 콜라드 그린, 돼지 부산물, 오리 간, 곰보버섯 등). 형편이 어렵다 보니 이런 재료를 사용할 수밖에 없었다. 사람들은 최대한 맛있게 먹을 방법을 찾아냈고 오늘날 우리가 자주 먹는 요리로 자리 잡았다.

꼭 팬데믹이나 대공황이 닥쳐야 대중의 입맛이 바뀐다는 말은 아니다. 많은 대학생의 주식인 라면을 생각해보자. 창의력만 있으면 저렴한 돈으로 꽤 맛있는 요리를 만들 수 있다. 작은 고난도 창의력을 발휘하는 계기가 된다는 말이다.

팬데믹 동안 어떤 요리가 유행했는지 생각해보라. 한때는 먹을 가치가 없다고 생각한 음식이지만, 지금은 좋아하는 사람도 생기지 않았는가? 코로나바이러스감염증-19를 피해 식료품점에 가는 빈도를 줄인 사람들은 집에 있는 재료로 색다른 요리를 시도하고 있다. 일부는 돈을 아끼겠다는 일념으로 눈에 불을 켜고 새로운 재료 활용법을 찾는 중이다.

꼭 음식에만 해당하는 이야기는 아니다. 우리가 고난을 헤쳐나갈 수 있는 이유는 자의 반 타의 반으로 창의력과 적응력을 발휘하기 때문이다. 고통을 겪으며 앞으로 나아가는 동안, 영감의 산물은 계속 나타날 것이다.

스팸 – 시대를 타고난 제품

스팸은 버터밀크처럼 유통기한이 길고 단백질이 풍부한 음식을 찾던 시대 상황에 딱 맞는 식품이었다. 호멜이 고기 부산물을 처리하기 위해 넓적다리 햄, 향신료, 옥수수 분말, 방부제와 섞어서 많은 사람의 입맛에 맞고 운송이 쉬운 다용도 가공육으로 만든 제품이 바로 스팸이다. 신선한 음식을 선호하는 사람은 질색하고 싫어하지만, 단백질 함량이 높고 오랫동안 먹을 수 있는 데다가 구하기도 쉬우므로 저소득층에게는 완벽한 식품이다.

스팸의 최고 장점은 운송 편의성과 유통기한이다. 스팸의 인지도는 날이 갈수록 높아졌고 제2차 세계대전에서는 미군과 연합군의 식단을 책임졌다.

호멜은 고기 부산물을 기존 제품과 섞은 다음, 캔에 담아서 익히는 새로운 제조 방식으로 당시 사람들에게 딱 맞는 식품을 만들어냈다. 스팸을 싫어하는 사람이라도 수백만 명에게 꼭 필요한 식품을 개발한 호멜의 창의력을 부정할 수는 없다. 스팸은 여전히 건재하다. 올여름으로 82년째 사람들의 밥상을 책임지고 있으며 팬데믹이라는 역경을 계기로 다시 한번 전성기를 맞이할지도 모른다.

전기면도기 - 포기하지 않는 자가 승리한다

재발명을 논할 때 제이콥 쉬크 대령이 발명한 전기면도기 이야기가 빠질 수 없다. 1910년, 알래스카에 있던 쉬크 대령은 면도할 때마다 얼음장 같은 물을 얼굴에 묻히며 비누 거품을 내는 일에 짜증이 났다. 전기면도기라는 개념이 처음 떠오른 순간이었다. 하지만 제1차 세계대전 당시 현역으로 소환되면서 전기면도기 생각은 잠시 접어둘 수밖에 없었다. 전쟁 도중에는 레버액션식 라이플을 보고 날을 교체하는 면도칼에 대한 영감을 받았고 전쟁이 끝난 이후 날 교체식 면도기를 만들어 성공을 거두었다. 쉬크 대령은 수익을 전기면도기를 개발하는 데 투자했다.

하지만 대공황 탓에 전기면도기를 생산하려는 회사는 아무도 없었다. 쉬크 대령은 직접 회사를 세우고 1930년에 특허를 출원했다. 면도기와 모터를 분리하는 등, 설계가 조악했기에 대중의 반응은 싸늘했다. 대령은 자신을 믿었다. 집을 담보로 잡아 빌린 돈으로 날렵한 손잡이 안에 모터를 집어넣는 데 성공했다.

새로운 모델은 1931년 3월부터 판매를 개시했다. 많은 사람이 시기를 잘 못 잡았다고 생각했다. 엎친 데 덮친 격으로, 당시 가격은 약 3만 원이었는데, 지금 물가로 생각하면 면도기 하나를 43만 원에 판 셈이다. 하지만 쉬크 대령은 첫해에만 3000개를 팔았으며 대공황이 끝날 무렵까지 총 150만 개를 팔았다.

시기도 안 좋고 가격도 비싼데 어떻게 성공했을까? 교체용 날이나 면도 크림과 같은 소모품 비용을 줄일 수 있다는 점을 생각하면 오히려 가격이 나쁘지 않았다고도 볼 수 있다. 전기의 시대에 들어선 사람들이 새로운 기술과 제품에 흥미를 보였기 때문일지도 모른다. 구매 능력이 있는 사람을 위주로 공략했기 때문일 수도 있다. 모두 근거 있는 추측이다.

나는 쉬크 대령이 성공한 원인은 하나 더 있다고 생각한다. 어떤 삶을 살았는지 생각하면 쉽게 알 수 있다. 제이콥 쉬크 대령은 자신의 제품을 철석같이 믿었다. 돈이 떨어지든 대공황이 닥치든 제조사가 거절하든 포기하지 않았다. 결국 쉬크는 부를 거머쥐었고 전기면도기는 지금도 팔려나간다.

팬데믹이 닥쳐도 발명은 멈추지 않는다. 어려운 시기에도 살아남아 날개 돋친 듯 팔려나가며 사람들을 놀라게 할 것이다. 여러분도 언젠가 아이디어를 떠올릴 수 있다. 어쩌면 이미 아이디어가 있지만 상상을 현실로 옮기는 일이 두려워 망설이고 있을지도 모르겠다.

용기를 내라. 쉬크 대령은 포기하지 말라는 교훈을 남겼다. 다음은 여러분의 차례다.

슈퍼맨 – 오락과 희망

대형 블록버스터 영화에 등장하는 슈퍼맨은 원래 이름 없는 만화책의 주인공이었다. 모든 만화는 대공황 시기에 나타났다고 해도 과언이 아니다. 1930년대 중반, 맬컴 휠러 니컬슨은 〈뉴펀〉이라는 최초의 만화 잡지를 창간했다. 잘은 안 되었지만, 1937년 맬컴은 《디텍티브 코믹스》를 출판하면서 사업을 확장한다. 파산을 신청하기는 했으나, 회사 경영은 계속했고 1938년, 마침내 악당을 무찌르는 최강의 슈퍼맨이 탄생했다.

당시의 만화 사업은 상당한 비난과 역경을 버텨내야 했다. 검열이 잇달았고 폭력성을 문제 삼아 대규모 항의가 들어오기도 했다. 청소년의 정서를 흩트리고 비행을 유도한다는 이유였다. 만화는 예술이 아니라고 말한 사람도 있었다.

하지만 만화는 국민에게 필요한 오락과 희망을 제공하면서 시련을 이겨냈다. 우울한 시절의 사람들은 영웅이 등장하는 만화책을 읽거나 라디오 쇼를 들으며 지독한 현실을 잠시 잊을 수 있었다. 도덕을 저버리지 않고 승리하는 영웅에 대한 이야기를 듣고 읽으면서 희망을 찾았던 셈이다. 슈퍼맨은 미래의 희망을 상징하는 존재가 되었다.

과거에는 만화가 젊은 층의 하위문화 취급을 받거나 무시당할 때가 많았다. 하지만 상황이 달라졌다. 1938년 출판한 슈퍼맨 만화책은 다음 해에 120만 부가 팔렸다. 1940년대에는 배트맨, 휴먼

토치, 서브마리너, 플래시, 원더우먼이 슈퍼맨과 합류했다. 슈퍼맨은 잘 될 것이라는 확신이자 참신한 오락이며 한 줄기 희망이었다. 대공황의 시기에 사는 사람에게 꼭 필요한 존재였다는 말이다.

오늘날 오락은 일상의 하나이며 사람들의 인식 또한 높다. 슈퍼맨을 필두로 각종 만화에서 튀어나온 영웅들이 영화관과 문화를 점령했다. 오락이 필요하다는 사실을 권력자에게 설득할 필요도 없다. 이미 언제 어디서든 즐길 수 있기 때문이다. 나는 앞으로 몇 달 혹은 몇 년 동안 어떤 분야의 만화가 인기를 얻을지 궁금하다.

사람들은 어떤 메시지에 이끌릴까? 젊은이들은 만화에서 어떤 영향을 받을까? 나는 희망을 주제로 한 만화가 대중의 선택을 받을 것 같다. 힘든 시기에는 모두 희망을 찾기 때문이다.

국립 공원 – 일자리를 제공하다

1933년, 프랭클린 딜라노 루스벨트 대통령은 뉴딜 정책의 하나로 시민국토보전단(Civilian Conservation Corps)을 창설해 미국인에게 절실했던 일자리를 제공했다. CCC는 남성들을 국토 보전 사업에 투입하고 집, 끼니, 보수를 주었다. CCC는 9년에 걸쳐 30억 그루 이상의 나무를 심은 것으로 유명하다. 당시 심은 나무는 토양 침식을 예방하고 더스트 볼의 원인인 바람과 가뭄을 막았다. 또한 뉴딜 정책에서 유명한 사업이기도 하다. 길고 긴 도로와 산책로를 건설하고 강과 호수에 물고기를 풀고 산불을 진화하는 임무를 수행했다.

CCC가 성공한 원인은 사람들에게 목적의식을 심었기 때문이다. 상황이 심각해도 그냥 돈만 주면 충분할 때도 있다. 하지만 길게 봤을 때 사람이 적절한 임금을 받으며 생활을 꾸려가려면 목표, 동기, 직장이 꼭 필요하다. 지금처럼 계속 실업률이 치솟는 상황이 이어지면 우리도 몇 달 혹은 몇 년 안에 CCC 같은 사업을 시행해야 할 수도 있다.

민간으로도 가능은 하겠지만, 주와 연방 정부에서 주관할 가능성이 높다. 작은 정부를 원하는 심정은 이해하지만, 잘 작동하고 넓은 범위에 영향을 미치는 연방 정부가 나서야 할 때가 있다.

전쟁, 팬데믹, 국가 경제난이 닥치면 국민의 입장에서 생각하는 뛰어난 지도자가 필요하다. 사람들을 결속하고 새 사업을 추진하며 일자리를 제공하기 위해서다. 꼭 공원을 만들고 나무를 심을 필요는 없다. 다리나 기반시설을 지어도 좋다. 지금도 많은 곳에 도움이 필요하다. 가족이나 지역 사회를 위해 꼭 필요한 사업이기도 하다. 투표할 때 이러한 사업이 있었다는 사실을 기억하고 누가 창의력을 발휘할 인재인지 생각하라.

미래는 우리 손에 달렸다

팬데믹을 버티는 동안, 다른 사람의 가능성을 속단해서는 안 된다. 도움이 필요한 사람에게 손을 내밀 여유가 있다면 (격려, 창의적인 아이디어, 서비스) 지금 행동하라. 우리는 하나가 되어 움직여야 한다. 미래는 우리 손에 달렸다.

오늘날의 세상은 대공황 때보다 훨씬 복잡하고 사람 사이의 상호작용이 밀접하다. 감염 위험 때문에 집에 갇히는 동안에도 다른 사람과의 소통은 끊어지지 않는다. 팬데믹이 50년 전에 발생했다면 전개 양상이 지금과 다를 것이다. 세계의 과학자들은 시험 결과, 백신, 치료법, 장비를 공유하며 힘을 합치고 있다. 지금까지 이 정도 규모의 협력이 필요했던 적도, 실제로 이루어진 사례도 없었다.

우리는 상호연결성 덕분에 새로운 방식으로 협동하고 참신한 해결책을 찾을 수 있다. 쓸모없거나 입맛에 맞지 않았던 음식을 시대에 맞게 재발명할 수 있다. 역경을 딛고 각자가 가치 있다고 믿는 발명품을 세상에 알려야 한다. 팬데믹에 맞서 싸우는 동안 희망을 주는 오락을 만들 능력이 있다. 새로운 사업을 추진하면서 사람들에게 일자리를 줄 수 있다. 창의력은 사람을 살리고, 목적의식을 부여하며 희망을 준다. 모든 사람의 창의성은 똑같이 중요하다.

창의력은 확실히 인류의 초능력이다. 우리는 슈퍼맨처럼 강철 같은 육체는 없어도, 뛰어난 뇌가 있다. 혹독한 시련이 찾아왔을 때 도망가거나 누워서 포기하는 대신 영감을 얻어 새로운 무엇인가를 발명할 수 있다는 말이다. 다음 세대는 우리가 팬데믹과 경제 위기를 이겨내는 동안 발휘한 창의력을 보고 점수를 매길 것이다. 여러 차례의 수상 경력에 빛나는 요리사인 정관 스님은 이렇게 말했다.

"자존심과 창의력은 공존할 수 없다."

마치 가끔은 우리 자신이 그은 틀을 깨야 한다는 의미로 들린다. 자존심을 버리고 자신을 믿고 기꺼이 협력하려는 자세를 가지면, 엄청난 창의력을 발휘할 수 있다. 필요는 발명의 어머니다. 지금은 역사상 유례가 없을 정도로 인류가 하나 된 시기이며 팬데믹은 막대한 필요를 만들어냈다.

우리는 가끔 창의력을 발휘하기 위해 때를 기다린다. 이번 위기 상황을 기회라고 생각하기를 바란다. 창의력을 발휘하려면 공간도 중요하다. 테이블, 책상, 방, 구석, 종잇조각, 새로 인쇄한 서류를 정리하고 자리를 확보하라. 내면의 창의력을 끌어내기 위해 조용한 장소에 가는 사람도 있다. 헤드폰을 써도 좋고 혼자 걸어도 괜찮다. 외향적인 사람들은 창의력을 발휘하기 위해 다른 사람과 협업한다. 줌, 고투미팅, 페이스타임은 온라인으로 다른 사람과 힘을 합치기 쉬운 도구다. 미리 주제를 정하면 생산성이 높아진다.

목표가 무엇이든 상관없다. 시간, 공간, 자원을 최대한 갖추고 전전두엽 피질을 깨워라. 건강을 지키고 포기하지 말라. 앞으로 어떤 발명품이 등장할지 기대하는 바이다. 여러분의 초능력은 자신을 깨워주기만을 기다리고 있다!

저자 정보

크리스 펜윅은 작가이자 기술 프로젝트 관리자 겸 전자상거래 전문가다. 10년 넘게 글을 쓰고 책을 만들었으며 스토리텔링 업계에서 일했다. 첫 번째 책《The 100th Human》은 선버리 출판사 역대 최고의 베스트셀러다. 펜윅이 쓴 전대미문의 소설 시리즈 〈State Changers〉의 네 번째 책은 2020년 내 출간 예정이다.

참고 자료

전염병이 인간 계몽에 미치는 영향
마크 칼슨

1. Burke, J. (1978) *Connections, An Alternative View of Change*. Chapter 7, Faith in Numbers. Little, Brown & Co, New York.

2. Gies, F. (1994) *Cathedral, Forge and Waterwheel - Technology and Invention in the Middle Ages*. Chapter 6, The High Middle Ages, 1200 to 1500, Cloth, Paper and Banking. Harper Collins, New York, New York.

3. Johnson, S. (2016) *The Ghost Map: The Story of London's Most Terrifying Epidemic*. Penguin Group, New York, New York.

4. Kantor, N. (2001) *The Wake of the Plague – The Black Death and the World it Made*. New York Free Pres, New York, New York.

5. Kelly, J. (2005) *The Great Mortality: An Intimate History of the Black Death, 1st Edition*. Harper Collins, New York, New York.

1918년의 팬데믹
와일리 맥라렌

1. Editors, www.cdc.gov/flu/pandemic-resources/1918-pandemic.

2. Editors, Spanish Flu, History.com.

3. Editors, Spanish Flu: the deadliest pandemic in history, www.livescience.com.

4. John M. Barry, *The New York Times*, March 17, 2020, The single most important lesson from the 1918 I nfluenza.

5. Molly Billings, *The Influenza Pandemic of 1918*, Stanford University.

6. Nina Strochlic and Riley D. Campine, *National Geographic*, How some cities 'flattened the curve' during the 1918 flu pandemic.

코로나바이러스감염증-19: 기울어진 저울을 맞출 위대한 추
아이리스 도비안

1. CDC Coronavirus Disease 2019, https://www.cdc.gov/coronavirus/2019-ncov/prevent-getting-sick/index.html.

2. Evann Gastaldo, "David Geffen's Self Isolation Yacht Post Not Going Over Well,"

Newser, March 30, 2020, https://www.newser.com/story/288805/david-geffen-hammered-over-self-isolation-yacht-post.html.

3. Christopher Maag, 'What choice do we have?': NJ residents camp out all night in hopes of a coronavirus test," *NorthJersey.com,* March 25, 2020, https://www.northjersey.com/story/news/columnists/christopher-maag/2020/03/25/coronavirus-nj-sick-residents-wait-all-night-hopes-test/2905859001/?fbclid=IwAR1rgUq0MNIGzq9hxU4O0rOw8HrR4ImHdOcZBWzOZ VZuv2D2YL_EChMxqqY.

4. Andrew Nguyen, "Ralph Lauren Donated a Ton of Money for Coronavirus Relief," *The Cut,* March 26, 2020, https://www.thecut.com/2020/03/ralph-lauren-donated-10-million-for -coronavirus-relief.html.

5. Melissa Roberto, "Bethenny Frankel says coronavirus pandemic is 'another level of despera\-tion' as she champions relief efforts," *FoxNews*.com, March 27, 2020, https://www.foxnews.com /entertainment/bethenny-frankel-coronavirus-pandemic-another-level-of-desperation.

6. Bstrong website, https://www.bethenny.com/bstrong-disaster-relief/.

7. Ben Church, "New England Patriots fly 1.2 million protective masks from China after 'challenging' operation," *CNN.com,* April 3, 2020, https://www.cnn.com/2020/04/03/sport/new -england-patriots-masks-robert-kraft-spt-intl/index.html.

홀로 싸우다: 코로나바이러스감염증-19와 한부모 가족
H.A. 칼럼

1. "The Majority of Children Live with Two Parents, Census Bureau Reports," United States Census Bureau, November 17, 2016, https://www.census.gov/newsroom/press-releases/2016/cb16-192.html.

엄습하는 건강보험 문제
윌 델러밴

1. Scott, Dylan. 2020. *Vox.com Coronavirus is exposing all of the weaknesses in the US health system*. March 16. Accessed April 7, 2020. https://www.vox.com/policy-and-politics/2020/3/16/2117366/coronavirus-covid-19-us-cases-health-care-system.

2. Reinhardt, Uwe. 2019. *Priced Out: The Economic and Ethical Costs of American*

Health Care. Princeton, New Jersey: Princeton University Press.

3. Gerard F. Anderson, Uwe E. Reinhardt, Peter S. Hussey, and Varduhi Petrosyan. n.d. "It's the Prices Stupid." *Health Affairs* 2 2 (3): 89-105.

4. Gerard F. Anderson, Peter Hussey, and Varduhi Petrosyan. 2019. *Health Affairs It's Still The Prices, Stupid.* January. Accessed April 7, 2020. https://pnhp.org/news/its-still-the-prices-stupid/.

5. Stewart, James B. 2012. "How Broccoli Landed on Supreme Court Menu." *New York Times,* June 14: Section A page 1.

6. N.A. 2017. Congress.gov H.R.1628 - American Health Care Act of 2017. July 28. Accessed April 7, 2020. https://www.congress.gov/bill/115th-congress/house-bill/1628.

7. Abelson, Reed. 2020. New York Times Coronavirus May Add Billions to U.S. Health Care Bill. March 28. Accessed April 10, 2020. https://www.nytimes.com/2020/03/28/health/coronavirus -insurance-premium-increases.html.

8. Cave, Damien. 2020. "Vanquish the Virus? Australia and New Zealand Aim to Show the Way." New York Times, April 24.

정치에서 적과 동침은 없는가

팻 라마체

1. ACLU, Felony Disenfranchisement Laws, https://www.aclu.org/issues/voting-rights/voter-restoration/felony-disenfranchisement-laws-map.

2. Atlantic, The Most Important 2020 States Already Have Vote by Mail, Ronald Brownstein, April 11, 2020, https://www.theatlantic.com/politics/archive/2020/04/voting-mail-2020-race-between-biden-and-trump/609799/.

3. Ballot Access News, Richard Winger, April 13, 2020, http://ballot-access.org.

4. Ballotpedia, Ballot Access, https://ballotpedia.org/Ballot_access.

5. Ballotpedia, Voting Methods and equipment by state, https://ballotpedia.org/Voting_methods_and_equipment_by_state.

6. Baltimore Sun, Maryland's June 2 Primary will be conducted by mail with limited in-person voting, governor orders, Emily Opilo, April 10, 2020, https://www.baltimore\-sun.com/politics/elections/bs-md-pol-primary-hogan-decision-20200410-rvphpqz4mjfqdpnfrhjrifyqxm-story.htmlCOVID-19.

7. Bustle, Why Does Washington State Vote by Mail Only? The Election Allows

Residents to Cast Their Ballot in Different Ways, Zoe Fergusen, October 21, 2016, https://www.bustle.com/articles/190693-why-does-washington-state-vote-by-mail-only-the-election-allows-residents-to-cast-their-ballot.

8. Cornell Law School, Legal Information Institute, 47 U.S. Code 606. War Powers of President, https://www.law.cornell.edu/uscode/text/47/606.

9. Elections Daily, Ask Elections Babe: Can elections be canceled, Genya Coulter, January 8, 2020, https://elections-daily.com/2020/01/08/ask-election-babe-can-elections-be-canceled/.

10. Fair Vote, The Worst Ballot Access Laws in the United States, January 13, 2015, https://www.fairvote.org/the-worst-ballot-access-laws-in-the-united-states.

11. Federal Voting Assistance Program, Post-Election Voting Survey 2016, https://www.fvap.gov/uploads/FVAP/Reports/PEVS_ADM_TechReport_Final.pdf.

12. Mount Vernon, 10 Facts About President Washington's Election, https://www.mountvernon.org/george-washington/the-first-president/election/10-facts-about-washingtons-election/.

13. Nerdist, Funko Announces First-Ever Virtual Convention, Eric Diaz, March 10, 2020, https://nerdist.com/article/funko-announces-virtual-convention/.

14. New York Times, Wisconsin Set to Vote on Tuesday After Court Overrules Governor's Postponement, Nick Corasaniti, Reid J. Epstein and Lisa Lerer, April 6, 2020, https://www.nytimes.com/2020/04/06/us/politics/wisconsin-primary-election-postponed-coronavirus.html.

15. NPR, Why are U.S. elections so much longer than other countries? Danielle Kurtzelben, October 21, 2015, https://www.npr.org/sections/itsallpolitics/2015/10/21/450238156/canadas-11-week-campaign-reminds-us-that-american-elections-are-much-longer.

16. USA.gov, Absentee and Early Voting, Comicbook, Funko Reveals ECCC Virtual Comic-Con Details, Matthew Aguilar, March 12, 2020, https://comicbook.com/comics/2020/03/11/funko-eccc-virtual-comic-con-details/.

17. Vote.org, Absentee Ballot Rules, https://www.vote.org/absentee-voting-rules/.

18. Vox, Thousands of Wisconsin ballots could be thrown out because they don't have a postmark, Ian Millhiser, April 10, 2020, https://www.vox.com/2020/4/11/21217546/wisconsin-ballots-postmark-supreme-court-rnc-dnc.

팬데믹이 대학교에 미치는 영향
버지니아 브래킷

1. Blumenstyk, Goldie. *American Higher Education in Crisis?: What Everyone Needs to Know.* Oxford: Oxford University Press. 2014. eBook Academic Collection (EBSCOhost).
2. Theatlantic.com "American Higher Education Hits a Dangerous Milestone." Accessed April 3, 2020. https://www.theatlantic.com/politics/archive/2018/.
3. Insidehighered.com. "State Support Higher Ed Grows 16 Percent." Accessed April 1, 2020. https://www.insidehighered.com/news/2018/.
4. Texas A&M Today. "The Morrill Act Explained." July 1, 2018. Accessed April 2, 2020. https://today.tamu.edu/2018/07/01/the-morrill-act-explained/.

코로나바이러스감염증-19와 홈스쿨링
셰릴 우드러프 브룩스

1. Historical Timeline of Public Education in the US *1647 The General Court of the Massachusetts Bay Colony decrees that every town of fifty families should have an*… www.raceforward.org.
2. https://fee.org/articles/the-rise-of-homeschooling-was-broad-and-bipartisan/.
3. https://www.encyclopedia.com/history/news-wires-white-papers-and-books/new-york-free-school-society-1805.
4. https://responsiblehomeschooling.org/homeschooling-101/a-brief-history-of-homeschooling/.
5. https://www.jstor.org/stable/30185059?seq=1.
6. Stephanie Watson "How Public Schools Work" 13 February 2008. HowStuffWorks.com. https://people.howstuffworks.com/public-schools.htm, 18 March 2020.
7. Walker, B. (1984). The Local Property Tax for Public Schools: Some Historical Perspectives. *Journal of Education Finance, 9*(3), 265–288. Retrieved March 19, 2020, from www.jstor.org/stable/40703424.

박물관과 미술관이 코로나바이러스감염증-19에 적응하는 방법
셰릴 우드러프 브룩스

1. Cieko, Brenden, "4 Ways Museums Can Successfully Leverage Digital Content and Channels during Coronavirus (COVID-19)." https://www.aam-us.

org/2020/03/25/4-ways-museums-can-successfully-leverage-digital-content-and-channels-during-coronavirus-covid-19/ March 25, 2020.

2. Shehadi, Sebastian. "How Coronavirus is making Virtual Galleries Go Viral." https://www.newstatemen.com/culture/art-design/2020/03/virtual-galleries-art-museums-tour-online. March 23, 2020.

3. Tsui, Enid, "How the coronavirus pandemic has forced art fairs and galleries online." https://www.scmp.com/magazines/post-magazine/arts-music/article/3077028/how-coronavirus-pandemic-has-forced-art-fair. March 26, 2020.

4. Vincent, Isabel. "NYC Museums Heads Unveil Coronavirus-Related Cuts to Multi-Million Dollar Salaries." https://nypost.com/2020/04/11/nyc-museum-heads-taking -pay-cuts-amid-coronavirus-crisis/ April 11, 2020.

5. Winesmith, Keir and Anderson, Suse. *The Digital Future of Museums. Conversations and Provocations,* 1st Edition. March 3, 2020.

코로나바이러스감염증-19, 변화의 도구: 새로운 시대를 여는 예술
매리앤 비켓

1. Antoine de Saint Exupéry, *The Little Prince,* trans. Katherine Woods (New York: Harcourt, Brace & World, Inc., 1943, 1971), 87. "Homepage," Fabien Cousteau Ocean Learning Center. Online Text, accessed April 11, 2020, http://www.fabiencousteauolc.org/.

2. "Fanfare for the Common Man," Library of Congress, Washington, DC, 2002. Online Text, accessed April 11, 2020, https://www.loc.gov/item/ihas.200000006/.

3. Bob Dylan, "Blowin' in the Wind," from *The Freewheelin' Bob Dylan,* Columbia Records, 1963. Also sung by Peter, Paul, and Mary, *In the Wind*, Warner Bros., 1963. Country Joe McDonald, "I Feel Like I'm Fixin' to Die Rag," from *I-Feel-Like-I'm-Fixin'-to-Die,* Country Joe and the Fish, Vanguard, 1967. Neil Young, "Ohio," from *Ohio / Find the Cost of Freedom* single, Crosby, Stills, Nash & Young, Atlantic Records, 1970.

4. Joni Mitchell, "Big Yellow Taxi," from *Ladies of the Canyon,* Reprise Records, 1970.

5. Jalal ad-Din Muhammad Rumi, *One Song: A New Illuminated Rumi* (Philadelphia: Running Press Book Publishers, 2005), 39.

6. "Karl Paulnack's Welcoming Address," The Playground: The Simply Music Blog. Online Text, accessed April 10, 2020, https://simplymusic.com/dr-karl-paulnacks-

welcoming-address-2/.

코로나바이러스감염증-19가 스포츠에 미치는 영향
메릴 쉐퍼

1. Beech, John, "NFL Owner Speculates on What 2020 Preseason Could Look Like, How Coronavirus Could Change Training Camp", cbssports.com, April 1, 2020, https://www.cbssports.com/nfl/news/coronavirus-fallout-nfl-owner-speculates-on -what-2020-season-could-look-like-including-no-fans-in-attendance/Q.

2. Crawford, Brad, "Ranking College Football's 15 Most Valuable Programs", 247Sports, January 23, 2020.

3. Dodd, Dennis, "College Sports Bleak Financial Future in Wake of Coronavirus Pandemic Apparent in AD Survey," cbssports.com, April 2, 2020, https://www. cbssports.com /college-football/news/college-sports-bleak-finabcial-future-in-wake-of-coronavirus -pandemic-apparent-in-ad-survey/.

4. https://247sports.com/LongFormArticle/Alabama-Crimson-Tide-Texas-Longhorns -Ohio-State-Buckeyes-Michigan-college-football-most-valuable-programs-2019 -134159991/.

5. https://fivethirtyeight.com/features/the-coronavirus-economic-effect-could-be-staggering

6. https://www.chicagotribune.com/sports/ct-spt-nfl-revenue-super-bowl-20190128-story.html.

7. Lacques, Gabe, and Jeff Zillgitt, "How Will Sports Avoid a 'Biological Bomb' When Returning From Coronavirus Hiatus?", *USA Today,* March 27, 2020, https://www. usatoday/com/story/sports/2020/03/27/coronavirus-american-sports -leagues-ponder-how-safety-resume-games/2919534001/.

8. Paine, Neil, "The Coronavirus's Economic Effect on Sports Could Be Staggering," *FiveThirtyEight*, March 16, 2020.

9. Romano, Evan, "These Athletes and Celebrities Have Tested Positive For Coronavirus," *Men's Health,* March 31, 2020, https://www.menshealth.com/ entertainment/a31445984/athletes-celebrities-coronavirus/.

10. Soshnick, Scott, and Eben Novy-Williams, "Revenue Goal Ahead of Super Bowl," *Chicago Tribune,* January 28, 2019.

포스트 팬데믹의 관광업
마이아 윌리엄슨

1. "Revealed: The countries that rely most on your money," The Telegraph, accessed March 31, 2020, https://www.telegraph.co.uk/travel/maps-and-graphics/Mapped-The-countries-that-rely-most-on-your-money/.

2. "The Travel & Tourism Competitiveness Report 2017," World Economic Forum, accessed April 1, 2020, https://www.weforum.org/reports/the-travel-tourism-competitiveness-report-2017.

3. "Tourism and COVID-19," World Tourism Organization, last modified April 14, 2020, https://www.unwto.org/tourism-covid-19.

팬데믹 시대의 환경 보존 활동
브룩 렌커

1. "It's Official—Spending Time Outside Is Good for You." ScienceDaily. ScienceDaily, July 6, 2018. https://www.sciencedaily.com/releases/2018/07/180706102842.htm. Conservation in the Midst [117]

2. "It's Official—Spending Time Outside Is Good for You." ScienceDaily. ScienceDaily, July 6, 2018. https://www.sciencedaily.com/releases/2018/07/180706102842.htm.

3. "Baxter State Park Will Delay Opening to a Target Date of July 1 Due to COVID-19." The Trek, April 15, 2020. https://thetrek.co/appalachian-trail/appalachian-trail-conservancy-urges-thru-hikers-postpone-hikes/.

4. Richard Louv. "Last Child in the Woods - Overview - Richard Louv." Richard Louv Blog Full Posts Atom 10. Richard Louv. Accessed April 15, 2020. http://richardlouv.com/books/last-child/.

5. Parfitt, Joshua. "What's the Best Way to Inspire Positive Environmental Behavior?" Pacific Standard, March 16, 2018. https://psmag.com/environment/inspiring-environmentally-conscious-

6. The Core Writing Team, Rajendra K. Pachauri, and Leo Meyer, eds. 2015. "IPCC Climate Change 2014 Synthesis Report." *Intergovernmental Panel on Climate Change.*

7. "Climate Change and Human Health - Risks and Responses. Summary." World Health Organization. World Health Organization, October 25, 2012. https://www.who.int/globalchange/summary/en/index5.html.

8. Friedman, Lisa. "New Research Links Air Pollution to Higher Coronavirus Death Rates." The New York Times. The New York Times, April 7, 2020. https://www.nytimes.com/2020/04/07/climate/air-pollution-coronavirus-covid.html.

9. "Airborne Nitrogen Dioxide Plummets Over China." NASA. NASA. Accessed April 15, 2020. https://earthobservatory.nasa.gov/images/146362/airborne-nitrogen-dioxide-plummets-over-china.

10. McGreal, Chris. "The Inequality Virus: How the Pandemic Hit America's Poorest." The Guardian. Guardian News and Media, April 9, 2020. https://www.theguardian.com/world/2020/apr/09/america-inequality-laid-bare-coronavirus.

11. "Report: Inequalities Exacerbate Climate Impacts on Poor." United Nations. United Nations. Accessed April 15, 2020. https://www.un.org/sustainabledevelopment/blog/2016/10/report-inequalities-exacerbate-climate-impacts-on-poor/.

12. Loveday, Eric. "How Volkswagen Plans to Sell More Electric Cars Than Tesla." InsideEVs. InsideEVs, March 12, 2020. https://insideevs.com/news/403865/vw-outsell-tesla-electric-cars/.

13. Kershner, Ellen. "Will Gas Cars Eventually Be Illegal in America?" WorldAtlas. https://www.worldatlas.com/articles/will-gas-cars-eventually-be-illegal-in-america.html (accessed April 15, 2020).

14. Whitman, Walt. "LEAVES OF GRASS." The Project Gutenberg eBook of Leaves of Grass, by Walt Whitman. Accessed April 15, 2020. https://www.gutenberg.org/files/1322/1322-h/1322-h.htm.

코로나바이러스감염증-19가 경제에 미친 다양한 영향

로런스 크노르

1. Sawe, B., 2020. The Biggest Industries In The United States. [online] WorldAtlas. Available at: <https://www.worldatlas.com/articles/which-are-the-biggest-industries-in-the-united-states.html> [Accessed 27 April 2020].

2. Workman, D., 2020. America's Top Trading Partners. [online] World's Top Exports. Available at: <http://www.worldstopexports.com/americas-top-import-partners/> [Accessed 27 April 2020].

필요는 창조의 어머니
크리스 펜윅

1. Ruth, K., 1983. Taste for Real Buttermilk Acquired in the Depression. [online] Available at https://oklahoman.com/article/2045618/taste-for-real-buttermilk-acquired-in-depression [Accessed 25 April 2020].

2. History.com Editors, 2020. Great Depression History. [online] Available at: https://www.history.com/topics/great-depression/great-depression-history [Accessed 25 April 2020].

3. Stidham, L., 2020. 5 Brilliant Inventions That Came Out of The Great Depression. [online] Available at: https://historycollection.co/top-5-american-inventions-come-great-depression/ [Accessed 25 April 2020].

4. Robins, B., 2018. Things Invented Because of The Great Depression. [online] Available at: https://www.grunge.com/133358/things-invented-because-of-the-great-depression/ [Accessed 25 April 2020].

5. So, J., 2013. The War Against Superman. [online] Available at: https://www.newsweek.com/2013/06/12/war-against-superman-237560.html [Accessed 25 April 2020].

6. Cantu, A., 2016. Into the Comic World: Superman and the American Anxieties in the Great Depression. [online] Available at: https://stmuhistorymedia.org/into-the-comic-world/ [Accessed 25 April 2020].

7. History.com Editors, 2018. Civilian Conservation Corps. [online] Available at: https://www.history.com/topics/great-depression/civilian-conservation-corps [Accessed 25 April 2020].